OSER LA VIE ET LA LIBERTÉ

(suite en fin d'ouvrage)

Anselm Grün

Oser la vie et la liberté

Traduit de l'allemand
par Martine Huguet

LE PASSEUR
ÉDITEUR

Collection « En toute liberté »
dirigée par Christophe Rémond

www.lepasseur-editeur.com

Titre original :
Anselm Grün, *Stationen meines Lebens.*
Was mich bewegt – was mich berührt
© 2009 Kreuz Verlag, part of Verlag Herder GmbH,
Freiburg im Breisgau
© 2014 Le Passeur, pour la traduction française
ISBN : 978-2-36890-126-7

Avant-propos

SANS cesse, je cherche la clé des questions qui habitent l'homme, en vue de formuler une réponse qui touche le cœur de celui qui s'interroge. J'essaie ainsi de lui faire toucher du doigt ce qu'il sait au fond de son être. Là, dans la profondeur de l'âme, nos questions trouvent une réponse. Il nous suffit d'un coup de pouce de l'extérieur pour formuler ce que notre âme sait depuis longtemps.

En avril 2009, Hildegunde Wöller, sous le regard de laquelle j'ai écrit mes premiers ouvrages pour les éditions Kreuz et qui m'a suggéré d'adopter un nouveau style d'écriture, s'est entretenue longuement avec moi au sujet de mes motivations personnelles, sur ce qui m'a conduit, dans mon enfance et ma jeunesse, à entrer au couvent, et sur ce qui occupe aujourd'hui mes pensées. J'ai donc essayé de lui répondre et de rendre compte de ce qui me pousse encore et toujours à écrire.

Le présent ouvrage a conservé le caractère d'un dialogue ; certains points ne sont pas complètement explicités, mais j'espère que ce dialogue avec les lectrices et les lecteurs stimulera la réflexion de chacun.

Anselm Grün

LES ÉTAPES
QUI ONT BALISÉ MA VIE

1

Enfance et jeunesse

MES parents m'ont incontestablement accordé une grande confiance. Mon père était un homme courageux, qui avait émigré sans un sou de la région de la Ruhr, après s'être mis en colère parce qu'on lui demandait de travailler les jours des fêtes catholiques. Il vint s'installer en Bavière, région catholique, où il ouvrit un magasin. Ce qu'il m'a transmis, c'est le courage d'oser la vie et la liberté. Ma mère était une femme pragmatique, originaire de la campagne de l'Eifel, et pourvue d'une grande confiance en sa capacité de s'en sortir dans la vie.

Mes parents étaient tous deux très croyants ; mon père lisait beaucoup et ma mère avait la piété des gens qui ont les pieds sur terre. Mon père est mort en 1972 relativement tôt, à 71 ans, avant mon ordination. Ma mère, elle, vécut jusqu'à 91 ans, soit trente ans après la mort de mon père. Elle a continué à évoluer, développant de nouveaux aspects de sa personnalité. Elle n'est pas restée ancrée dans le deuil, mais a, d'une façon nouvelle, repris sa vie en mains.

Mon père aimait la liberté, mais sur le plan théologique il était plutôt « clérical », ne remettant jamais en question l'enseignement de l'Église. Ma mère fut longtemps responsable de l'Association des femmes catholiques. Tous les lundis de Pâques et lundis de Pentecôte avait lieu une célébration œcuménique au temple protestant. Ma sœur lui demanda un jour si nous pouvions communier à cette occasion. Le curé ne voulait pas que les catholiques communient chez les protestants parce que cela n'était pas conforme, théologiquement parlant ; mais ma mère trouvait le pasteur sympathique, et puis, c'étaient aussi des croyants. En vieillissant, elle devenait plus libre, se contentant d'agir selon son cœur, ce qui était pour elle plus important que la théologie.

Je crois avoir sûrement reçu beaucoup des deux ; mes parents étaient toujours là pour leurs enfants. Petit, j'avais l'air timide, peut-être parce que nous étions trop protégés. Plus tard, j'ai ressenti cette confiance et l'amour de Dieu jusque dans les épreuves, grâce aux bases qui ont sûrement été posées dans mon enfance.

J'ai grandi avec six frères et sœurs. Nous avions un grand jardin. Près de chez nous habitaient ma tante et ses six enfants. Nous étions donc une grande famille et nous, les enfants, avons déployé beaucoup d'imagination en jouant. Je suis le quatrième des sept enfants ; j'étais donc parmi les plus jeunes, mais toujours celui qui avait le plus d'idées pour inventer de nouveaux jeux ou lorsqu'il s'agissait de bricoler. À 7 ans, par exemple, j'ai construit un banc ; mais lorsque mon père s'assit dessus, le siège s'effondra. J'avais tendance à expérimenter et à être actif depuis tout petit ; par exemple, à adresser la parole aux gens lorsque nous allions faire des courses. Ma mère se rendait à Munich avec nous deux fois par an pour faire des achats, et c'était moi qui discutais souvent avec les commerçants. Je ne sais pas pourquoi, mais lorsque nous faisions une cérémonie pour enterrer un oiseau, il fallait que je fasse un discours. Cela sautait aux yeux de tous ; je ne sais pas pourquoi ; c'était naturel, je crois.

En y repensant – et les rêves profonds de mon enfance sont un sujet qui m'importe –, j'avais le sentiment d'oser, de ne pas me contenter de faire ce que les autres attendaient de moi, mais d'être actif, d'organiser ma vie, et donc l'envie d'essayer quelque chose de nouveau. Il en a été ainsi depuis mon enfance, je crois.

Notre famille habitait près de l'église. Nous, les enfants, étions tous enfants de chœur, et chaque jour de la semaine nous servions la messe. Pendant les vacances, quand personne d'autre n'était là, notre famille suffisait. Déjà enfant, j'étais fasciné par la liturgie ; je me souviens très bien en particulier de la liturgie de Noël et de la semaine sainte. Me sentir sous la protection de la tradition m'a toujours fait du bien. Comme être auprès de la famille, quand nous célébrions les fêtes dans l'Église.

Après ma première communion à l'âge de 10 ans, j'ai dit à mon père que cela me plairait bien de devenir prêtre. Évidemment, je n'étais pas encore mûr pour cela ; mais mon père me demanda si je voulais devenir prêtre séculier ou prêtre régulier. À l'époque, je ne savais pas exactement ce qu'était un prêtre « régulier ». Un frère de mon père, le père Sturmius, était moine à Münsterschwarzach et avait un esprit révolutionnaire. Dans sa jeunesse, il avait appartenu au mouvement de jeunesse La Nouvelle Allemagne[1] et avait introduit des innovations au couvent, par exemple le football, encore mal vu à l'époque. On jouait seulement au handball en ce temps-là ; c'était le sport typiquement allemand ou pratiqué dans les écoles de frères. Mon père ne tarissait pas d'éloges sur l'abbaye de Münsterschwarzach. À 10 ans, j'entrai donc à l'internat. En tout cas, mon père et mon oncle organisèrent les choses, mais je ne sais plus très bien si cela avait été mon propre désir. J'en avais bien parlé à mon curé, qui m'avait encouragé. Ces années-là, les affaires de mon père ne marchaient pas très bien. Cela me valut donc une réduction du prix de pension. Un an plus tard, mon cousin, aujourd'hui le père Udo, me rejoignit, puis mon frère et le frère du père Udo. Nous nous y sommes donc retrouvés tous les quatre.

J'arrivais déjà avec un objectif personnel : « Oui, c'est peut-être ma voie d'être prêtre. » Mais évidemment, la vie d'internat n'allait pas sans crises.

Au début, j'avais bien un peu le cafard. J'arrivais de Munich, et ici, avec ce parler franconien, je me sentais à l'étranger. Je ne pouvais pas imaginer qu'un jeune homme puisse parler une telle langue. Mais une fois mon père reparti, on me dit que les élèves jouaient au football. Je suis tout de suite allé au stade et j'ai joué avec les autres : et là, je me suis senti chez moi. Nous avons fait beaucoup de sport ensemble ; et je me suis très bien adapté à cette vie de pensionnaire.

---

1. Mouvement de jeunesse catholique, créé en 1918 par le cardinal Felix von Hartmann, et qui fut interdit par le régime nazi. [Toutes les notes de bas de page sont de l'éditeur.]

J'aimais apprendre et lire. L'internat était bon pour cela. Mais il s'y mêlait une certaine mélancolie ; alors je partais toujours volontiers en vacances. À l'époque, nous ne rentrions à la maison qu'à Noël, à Pâques et lors des grandes vacances ; le reste du temps, nous étions au pensionnat. Et le temps était toujours long. Mais d'un autre côté, j'ai remarqué que mon frère aîné, qui était au lycée près de chez nous, n'apprenait pas grand-chose à force de jouer au football. Au pensionnat, je pouvais vraiment mieux me concentrer.

Ce que j'ai surtout appris au pensionnat, c'est à bien apprendre. À la maison, à l'école primaire, nous apprenions en nous amusant ; les devoirs à la maison surtout. Au pensionnat, c'était différent. J'y ai appris à travailler à un bon rythme : une demi-heure de vocabulaire latin, puis une demi-heure de devoir d'allemand, puis les autres matières. Je n'ai jamais étudié une matière plus d'une demi-heure ou trois quarts d'heure. Je le remarque encore aujourd'hui : le rythme donne de l'énergie. Beaucoup apprennent mal et pensent que s'ils travaillent dix heures d'affilée, ils auront des résultats. Mais cela ne donne pas grand-chose. Travailler au bon rythme, voilà qui est efficace.

À l'époque, le cursus à l'internat se répartissait ainsi : l'enseignement des trois premières classes se faisait d'abord à Saint-Louis, qui était à 20 kilomètres de Münsterschwarzach. Les préfets avaient tous été soldats durant la guerre, et nous devions nous lever à 6 heures en été et faire du sport le matin. Il y avait un bain froid à 14 degrés, où nous devions tous plonger au commandement. C'était très dur. Le dimanche matin, il fallait brosser nos vêtements, puis les présenter. On contrôlait alors si tout était nettoyé et dépoussiéré. La discipline était sévère.

Chez nos professeurs, le service militaire jouait un rôle important. Traditionnellement, le dernier jour d'école, ils nous parlaient de la guerre – nous étions dans les années 1955-1957. Certains de nos professeurs n'étaient revenus de la guerre qu'en 1948 ou 1949. L'un d'entre eux, le père Ludger, était adjudant. Il eut l'oreille transpercée et un œil crevé au cours de la guerre. Étant jeunes, nous étions toujours fascinés lorsque les professeurs nous parlaient de la guerre, mais en tant que jeunes moines, cela nous agaçait d'entendre toujours les mêmes histoires. Nous nous disions que c'était une mauvaise façon de surmonter le passé ou de s'en glorifier. Après coup, je peux les comprendre, bien sûr, car ils ont vécu la guerre et la captivité dans la fleur de l'âge, c'est-à-dire entre 20 et 30 ans. Il est clair qu'ils avaient besoin de raconter ce qu'ils avaient vécu. Mais c'était trop pour notre âge.

Le père Ludger était un véritable soudard, mais avec l'âge, il devint très doux et avait aussi mauvaise conscience. Mon frère, qui quitta le monastère par la suite, lui demanda un jour : « Père Ludger, vous vouliez, je crois, écrire vos mémoires et raconter ce que vous avez vécu durant la guerre ? » Ce à quoi il répondit : « J'ai tout jeté au panier. J'ai cru que nous avions combattu pour une cause pure, mais quand j'ai vu ces hostilités, ce déploiement de la Wehrmacht et compris tout ce qu'ils avaient fait dans notre dos, j'ai tout brûlé. »

Aux trois années à Saint-Louis succédèrent deux classes à Münsterschwarzach. Les quatre dernières années jusqu'au baccalauréat, nous étions à

Wurtzbourg, également pensionnaires. Nous allions à l'école publique. Saint-Louis et Münsterschwarzach étaient des écoles des frères, les professeurs en étaient des frères. Cela signifiait donc pour nous revenir à l'école publique. Au début, c'étaient plutôt les élèves de la commune qui parlaient de tout. Nous, les pensionnaires, nous estimions moins bons ; mais aux premiers devoirs écrits, nos notes furent les meilleures. Les autres étaient plus forts seulement en paroles.

Outre les élèves habituels de la ville, il y avait ceux du Kilianeum, le petit séminaire de Wurtzbourg. De ces élèves pensionnaires, on attendait plus ou moins qu'ils deviennent prêtres ou bien qu'ils entrent au couvent. Les six bacheliers de notre promotion y sont tous entrés.

Élève, je me suis souvent demandé si le couvent était vraiment ma voie ou si je ne devais pas plutôt étudier les sciences naturelles, notamment la biologie. À 15 ans, j'avais eu pour Noël un microscope, un cadeau que j'avais souhaité. Cela m'a toujours fasciné d'étudier les petits êtres vivants. En outre, j'avais écrit à mon oncle avant le baccalauréat que tout était trop bourgeois à Münsterschwarzach. À cette époque, je m'enthousiasmais pour les Jésuites et pour Karl Rahner, qui réalisaient quelque chose et faisaient avancer l'Église. J'avais de vives discussions avec mon oncle à ce propos. Mais il m'a pourtant convaincu que la vie bénédictine me conviendrait. Je suis donc entré au noviciat aussitôt après le baccalauréat.

2

Le noviciat

À 19 ANS, je suis entré au noviciat au monastère de Münsterschwarzach. Aujourd'hui, ce ne serait plus possible, car l'âge minimum a été porté à 21 ans. Nous nous sommes rendu compte que les hommes plus jeunes sont encore trop dans les jupes de leur mère. Lorsqu'ils entrent au couvent dans cette tranche d'âge, la communauté monastique joue le rôle de la mère ; et il arrive parfois qu'ils soient obligés de s'en détacher et qu'ils repartent. C'est pourquoi les novices doivent être un peu plus âgés. Aujourd'hui, la plupart ont entre 21 et 35 ans, mais le milieu ecclésial typique de ma jeunesse a disparu.

À l'époque, nous étions sept novices, dont deux sont restés. Au dortoir, nous dormions à sept. La journée au monastère commence à 5 heures moins cinq. Au début, j'ai eu beaucoup de mal. À 5 heures du matin a lieu la première prière au chœur, suivie de la *lectio divina*. Parfois, nous étions assez fatigués. Ensuite nous avions cours, puis souvent un temps était réservé à faire du sport et, l'après-midi, à faire une promenade. Mais on s'habitue à ce rythme.

Mon objectif était alors d'aller dans le monde – à Münsterschwarzach, nous sommes, en fin de compte, des bénédictins apostoliques. Je me souviens avoir eu peur, au noviciat, que les tâches purement monastiques empêchent mes capacités de m'épanouir et que je dépérisse en restant au couvent. Je n'étais pas encore sûr de moi, mais en même temps j'étais très enthousiaste. En tant que novices, nous devions assurer les visites guidées pour les groupes qui venaient au monastère. J'étais passionné et je racontais l'histoire du monastère. Aujourd'hui, je n'en parlerais sûrement pas avec le même enthousiasme, mais avec beaucoup plus de sobriété. À l'époque, je n'aurais pas pu faire de longs exposés en public, car j'étais encore fort timide. Mais j'étais toujours fier de pouvoir transmettre. Lors des visites, je sentais que, en tant que novice, j'avais quelque chose à dire aux autres.

3

Le nom d'Anselm

J'AI choisi mon nom de moine en référence à Anselme de Canterbury. Pourtant, lorsque j'ai choisi ce nom, je ne savais pas grand-chose de lui, si ce n'est qu'il était le théologien le plus important de l'ordre bénédictin. Pendant ma scolarité, j'avais lu différentes choses de lui et sur lui ; mais lorsque j'ai choisi, lors de mon admission au noviciat, saint Anselme comme patron, je savais surtout qu'il était bénédictin. C'est le plus grand théologien bénédictin du Moyen Âge. Thomas d'Aquin était dominicain et Bonaventure franciscain. Ils étaient les trois grands théologiens du Moyen Âge, et Anselme était un des premiers à tenter d'expliquer la foi par la raison. Originaire d'Aoste au Piémont, il arriva au Bec en Normandie, où il devint abbé et fonda une école de théologie. Plus tard, il fut élu archevêque de Canterbury. Là, il entra en conflit avec le roi d'Angleterre et fut, par deux fois, envoyé en exil. En 1109, il mourut à Canterbury.

Anselme de Canterbury est une figure fascinante à mes yeux. L'objectif qu'il mit en avant – *fides quaerens intellectum* (la foi appelle à l'intelligibilité) – est pour moi très important. Chez lui, « intellect » ne signifie pas *ratio*, mais vient de *intus legere* – « lire à l'intérieur » ou « voir depuis l'intérieur ». Le mot « compréhension »

[Einsicht] en est une parfaite traduction. Discerner plus avant, vouloir comprendre avec son intelligence, avec la raison. Je trouve que c'est une doctrine importante. La raison ne dissout pas la foi, mais elle nous demande, à nous êtres pensants, d'en rendre compte. Par ailleurs, la théologie d'Anselme est une théologie priante. Non seulement son *Proslogion*, dans lequel il fournit la preuve dite ontologique de Dieu, commence par une prière, mais c'est la prière même qui contient la preuve de l'existence de Dieu. Pour Anselme, Dieu est « ce au-delà de quoi rien ne se peut concevoir ». Cette notion implique l'élévation de la pensée vers l'Être. Car si le plus grand qui se puisse concevoir n'existe pas, il n'est plus le plus grand. Par sa théorie de la satisfaction qu'il a développée dans *Cur Deus Homo, Pourquoi un Dieu-homme*[1], Anselme est un peu tombé en discrédit. C'est qu'on a souvent mal compris Anselme : il voulait déchiffrer pourquoi Jésus est mort pour nous. Par son argumentation, il voulait à vrai dire préserver la dignité et la liberté de l'homme. Or nous avons interprété son discours d'un point de vue purement juridique, c'est-à-dire avec notre langage juridique d'aujourd'hui et non celui de l'époque. Pourtant, il voulait autre chose : chercher simplement à comprendre le mystère de la mort de Jésus sur la croix. Et c'est aussi mon propos. La solution qu'il a avancée conduisait à la doctrine dite de la satisfaction. Mais elle n'a rien à voir avec l'opinion courante que Jésus devait mourir pour que Dieu puisse nous pardonner nos péchés. Depuis, il existe d'autres interprétations

---

1. Anselme de Cantorbéry, *Œuvres, Monologion. Proslogion*, Éd. du Cerf, 1986 ; *Lettre sur l'incarnation du Verbe. Pourquoi un Dieu-homme*, Éd. du Cerf, 1988.

de l'enseignement d'Anselme. Gisbert Greshake pense qu'Anselme voulait que soient respectées la liberté et la dignité de l'homme. Aujourd'hui, il faudrait certainement interpréter ce désir dans un autre langage. Je continue de considérer Anselme comme un théologien important. Il a, par exemple, composé une prière où il désigne Jésus comme notre mère. Cet aspect féministe se trouve donc aussi chez lui. Ses prières, justement, font beaucoup appel à l'émotion. Anselme a un langage très chaleureux et priant, et je pense que les théologiens pourraient s'en inspirer.

4

Mon objectif : la théologie

LORSQUE je suis entré au monastère, il était évident pour tout le monde que ceux qui avaient le baccalauréat étudieraient la théologie et deviendraient prêtres. C'était prévu ainsi par l'Ordre, et cela ne faisait aucun doute pour moi non plus. Il était clair également que j'étudierais les deux premières années à la faculté de l'abbaye de Sainte-Odile près de Landsberg am Lech, où l'on apprend davantage la philosophie et les premières disciplines théologiques telles que l'histoire de l'Église.

À Sainte-Odile, j'étais encore plein d'ambition, j'ai lu Martin Heidegger et Jean-Paul Sartre. De plus, j'ai appris par moi-même à taper à la machine. À la lecture d'*Être et Temps* de Martin Heidegger, j'ai noté des pages entières de citations. Outre Heidegger, j'ai surtout lu Gabriel Marcel, notamment son *Journal métaphysique*, et Ernst Bloch, *Le Principe Espérance*.

Nous partions en train pour étudier à Sainte-Odile. Ces années-là, nous gardions l'habit. Dix jeunes moines en habit dans un train, c'était toujours un événement. On ne passait pas inaperçus. Certains s'approchaient de nous, souhaitant nous parler et nous raconter tout un tas de choses. C'était un peu gênant d'être le point de mire ! D'un côté, c'était intéressant, de l'autre c'était curieux. Parfois, le train était l'occasion de très bons échanges, mais la plupart du temps, quand ils sont assis en face d'un jeune moine, les gens endossent un certain rôle, et les clichés ne manquaient pas. Ce n'était pas tout à fait satisfaisant. Deux ans plus tard, les supérieurs de l'Ordre décidèrent que nous irions étudier à la faculté en civil et non en habit. Ce fut pour nous un soulagement. Car nous nous sentions comme exposés en vitrine et nous passions pour des créatures exotiques.

Après les études de philosophie à Sainte-Odile, la question se posa de savoir si j'allais poursuivre mes études à l'université de Wurtzbourg ou à l'École de l'Ordre Saint-Anselme à Rome. J'en ai parlé à des frères plus jeunes. Wurtzbourg était certainement plus ouvert sur le monde, et au début, je ne me sentais pas du tout attiré par Rome. Mais je commençais à réaliser qu'à Rome on avait plus de temps pour étudier. Et puis c'est là que se tient l'Église universelle, on entre donc en contact avec beaucoup d'autres nations.

C'est ainsi que, lorsque le père abbé me laissa le choix, je me décidai pour Rome.

5

Études à Rome

L ES cours à l'Institut supérieur de l'Ordre, Saint-Anselme à Rome, étaient dispensés en latin. Mais déjà au bout de trois semaines, j'ai pu retranscrire un cours sur l'Ancien Testament pour les étudiants allemands, c'est-à-dire que j'entendais le latin et écrivais en allemand. Cela ne me posait pas de problème. Évidemment, les professeurs parlaient leur latin à eux. Qu'ils soient allemands, américains ou espagnols, chez chacun le latin avait une résonance un peu différente. J'ai vécu Rome de façon contradictoire : il y avait, d'un côté, la théologie sud-américaine de la Libération, extrêmement moderne et révolutionnaire. J'ai lu Leonardo Boff. La théologie hollandaise aussi était très moderne à l'époque. Nous avions en bibliothèque des revues néerlandaises, et j'ai lu Edward Schillebeeckx et Piet Schoonenberg, les deux en néerlandais, évidemment. J'avais alors beaucoup de temps pour lire et lisais chaque jour cent cinquante pages de littérature théologique. Le matin, il y avait les cours, et l'après-midi, du temps pour les études personnelles. J'en ai profité avec une grande ambition.

Le mouvement soixante-huitard ne nous concernait guère, nous étudiants à Rome. Finalement, Saint-Anselme était une sorte de ghetto ecclésial et uniquement une grande faculté de théologie. Nous avions peu de contact avec les étudiants en ville.

Dans la période postconciliaire, il y avait de bons professeurs à Saint-Anselme. La plupart du temps, ils venaient d'Allemagne ou de Suisse et incarnaient une théologie ouverte. Ainsi Magnus Löhrer de Einsiedeln et Raffael Schulte de Gerleve pour la dogmatique ; Notker Füglister de Disentis pour l'Ancien Testament. Ce dernier m'a fait comprendre que l'exégèse pouvait aussi bien être scientifique que spirituelle. Les matières pratiques telles que la théologie pastorale et la théologie morale – laquelle se révélait aussi plus conservatrice – n'étaient pas aussi bonnes. Avec le théologien moraliste Anselm Günthör, nous discutions en latin. Un jour où je le contredisais fortement, le professeur me dit : « *Si hoc credis, es protestanticus in senso pejorativo* », c'est-à-dire : « Si tu crois cela, tu es protestant au mauvais sens du terme. » Nous avons alors constaté qu'il était inutile de discuter avec lui. Ainsi, nous avons préféré lire le journal pendant ses cours.

Découverte des sentiments

J'ÉTAIS plein d'ambition dans mes études. Mais à Rome, je découvris aussi mes sentiments. J'ai soudain constaté que je n'étais que cérébral, tête et intellect. J'étais alors ami avec un autre moine et j'ai pris conscience que je ne pouvais me contenter d'être seulement rationnel : il existait d'autres dimensions, celles des émotions. Cela a provoqué en moi une véritable crise. Après mon ordination, alors que je rédigeais ma thèse, je restais toute la journée dans ma chambre. Je passais dix heures par jour à ne faire que lire et écrire. Ce n'est pas particulièrement sain pour le corps et pour l'esprit, mais j'étais intérieurement très déstabilisé.

Pendant que je préparais ma thèse de doctorat, je suis tombé amoureux d'une religieuse et j'ai alors découvert mes sentiments et aspirations. C'est un premier élément. Mais j'avais aussi un autre problème : lorsque j'étais au couvent, je transpirais souvent. Et cela m'agaçait. Je remarquais que mon identité n'était pas tout à fait claire. Qui étais-je vraiment ? Qui étais-je en tant que moine ? Qui étais-je en tant qu'Anselm ? Jusqu'alors, j'avais été un étudiant ambitieux, mais à présent, je n'étais plus sûr de rien. Il fallait que je trouve mon identité.

Mes bouffées de transpiration m'agaçaient particulièrement lorsque je devais donner une conférence. Je me disais : « Voilà que je parle de psychologie, mais on doit voir que je manque d'assurance. »

Rencontre avec Karlfried Graf Dürckheim et la méditation zen

A u début des années 1970, de nombreux bénédictins mais aussi des prêtres de l'Église ont cherché
des voies nouvelles, voies de méditation et d'expéri-
mentation en psychologie. À l'époque, beaucoup sont
allés à Rütte, en Forêt-Noire, rencontrer Karlfried Graf
Dürckheim, maître zen et psychothérapeute de l'école
jungienne. De Münsterschwarzach, le premier à s'être
rendu à Rütte, en 1971 ou 1972, fut le père Fidelis, futur
abbé du monastère. Diverses méthodes spirituelles y
étaient enseignées, par exemple l'aïkido. J'y suis allé
trois fois au total, une première fois trois semaines,
une fois deux semaines, puis une autre semaine, et
j'ai pris des cours particuliers auprès de Dürckheim.
J'ai beaucoup parlé avec lui de mes rêves et de mes
problèmes. En tant que jeunes moines, nous avons
vraiment remis en question notre éducation au pensionnat et toute la préparation prémonastique ; nous
ne cessions de dire que l'internat nous avait causé du
tort. Personnellement, j'avais alors le sentiment de ne
pas être tellement stable ou normal sur le plan psychique. En pratiquant la méditation zen, j'ai constaté
que je devais faire un cheminement intérieur autant

que thérapeutique, afin d'y voir clair de nouveau. Rütte me donna du courage et m'aida à me découvrir moi-même.

Dürckheim nous a vraiment beaucoup aidés à habiter notre propre corps et à trouver une nouvelle façon d'appréhender nos gestes dans la prière. Grâce à lui, la prière au chœur devint pour nous un chemin nouveau à pratiquer. Ainsi, la familiarité avec notre corps a approfondi et enrichi notre vie spirituelle.

Évidemment, certains sont restés accrochés à lui dans la vénération qu'ils lui portaient. Mais il n'était pas du tout ravi qu'on se contente de le copier. Il ne voulait absolument pas jouer le rôle de gourou auquel certains le réduisaient.

Je dois beaucoup à Graf Dürckheim. C'était un bon thérapeute et un homme d'expérience.

En route vers le doctorat

Au cours des études de théologie à Rome, deux domaines m'ont particulièrement intéressé ; j'ai longtemps balancé entre exégèse et dogmatique. J'étais très curieux de pouvoir comprendre et interpréter la Bible ; mais je l'étais aussi vis-à-vis de la dogmatique, laquelle pose une question qui m'a toujours préoccupé : comment comprendre la mission chrétienne et quelles expériences sous-tendent ses principes ? Comment en vient-on à établir les affirmations dogmatiques et quelle expérience y conduit ? Depuis la deuxième année de mes études de théologie, j'ai été interpellé par la question de la rédemption par la croix. Elle est partout proclamée en théologie, mais comment la comprendre ? C'est pourquoi j'ai écrit un mémoire de licence sur ce sujet, en quatrième année – à l'époque, on terminait ses études normales par la licence. J'écrivis sur la rédemption par la croix selon Paul Tillich, un théologien protestant. J'avais lu tous les ouvrages de Tillich sur la question et je voulus creuser le sujet dans ma dissertation. Or, il s'avéra que quelqu'un d'autre travaillait cette même thématique auprès de Hans Küng. Ses travaux n'ont jamais été publiés, il est vrai – il semblerait qu'il ait abandonné –, mais je devais réfléchir pour savoir comment aborder le sujet.

Le thème de la « rédemption par la croix » était clair pour moi. Mais la question se posait de savoir avec quel auteur.

Au début, j'envisageais par exemple de travailler à partir de la théologie protestante libérale d'Albrecht Ritschl ou bien à partir de Friedrich Schleiermacher[1] ; mais ce que j'y avais lu m'était un petit peu trop étranger. Finalement, je me tournai vers Karl Rahner. Je l'avais toujours estimé, parce qu'il avait fait avancer la théologie catholique, gardant la tradition tout en l'ouvrant sur le temps présent. En fin de compte, ma thèse s'intitula : « Rédemption par la Croix. Contribution de Karl Rahner[2] à une compréhension actuelle de la Rédemption. »

---

1. Friedrich Schleiermacher (1768-1834), philosophe et théologien protestant, a enseigné à Halle et Berlin ; Albrecht Ritschl (1822-1889), théologien protestant, enseigna à Bonn et Göttingen.
2. Karl Rahner (1904-1984), jésuite et théologien catholique, eut une grande influence sur les travaux du concile Vatican II.

Karl Rahner

Certains de mes frères moines passèrent leur doctorat à la même époque, et il m'importait d'être, moi aussi, diplômé en théologie. Lorsque je commençai ma thèse, je ne connaissais pas personnellement Karl Rahner, j'avais seulement lu ses livres. J'ai commencé par relire tous ses ouvrages, dix mille pages, et tout ce qu'il venait d'écrire. Une fois terminé, je me mis aussitôt à écrire moi-même, pour voir où menait ce travail. Au bout de quelques semaines, j'écrivis à Karl Rahner pour lui demander si je pourrais le rencontrer, puisque je préparais ma thèse de doctorat sur lui. Il m'invita aimablement, et un beau jour je passai tout un après-midi chez lui à Munich à discuter avec lui : Pourquoi la rédemption par la mort ? Quel sens a la mort ? Qu'est-ce qu'une mort rédemptrice ? Ce fut un véritable dialogue. Rahner posa les pieds sur son bureau, il se mit à penser tout haut, et ce fut un très bel échange entre nous. Il m'obtint même un financement pour imprimer ma thèse de doctorat. Tout en ajoutant qu'il ne lisait aucune thèse écrite sur lui. Malgré tout, il m'a souvent cité, parce que certains théologiens contestaient sa théologie de la Croix. Il pouvait alors rétorquer que si un bénédictin avait écrit sur sa théologie de la Croix, c'est qu'il devait donc bien y en avoir une.

Le langage de Rahner est parfois un peu difficile pour nous aujourd'hui. Il part toujours de la théologie scolastique, celle qui s'appuie sur Thomas d'Aquin, et tente de l'ouvrir aux interrogations modernes. Il indique ainsi qu'il ne conçoit pas une théologie radicalement nouvelle, mais pense et formule l'ancienne d'une façon qui lui permet de se mesurer à la pensée critique d'aujourd'hui. Pour nous, son langage est souvent très abstrait. Aujourd'hui, il étudierait certainement plus la psychologie que la philosophie. À l'époque, il avait entamé le dialogue avec la philosophie, celle de Heidegger et de quelques philosophes et théologiens francophones tels que Joseph Maréchal, qui avait appliqué la méthode transcendantale de Kant et de Fichte à la philosophie de Thomas d'Aquin, l'interprétant ainsi d'une manière nouvelle, et Maurice Blondel, qu'il suit, en allant dans le sens de la conscience intime que l'homme a de Dieu et d'un rédempteur divin.

Selon la théologie dite transcendantale de Rahner, l'homme ne cesse de dépasser le concret dans sa pensée pour atteindre un horizon absolu, Dieu, ayant l'intuition en son for intérieur que Dieu se fait homme et s'exprime pour nous dans un être humain. De cette façon, il a voulu ouvrir l'homme à la compréhension de l'incarnation de Dieu en Jésus-Christ. Rahner s'oppose ainsi à Karl Barth, pour qui l'incarnation vient à nous de l'extérieur, de Dieu, sans que nous en ayons l'intuition. Rahner prend au sérieux l'homme avec son intelligence. En pensant, dit-il, nous ne faisons que penser au-delà de nous-mêmes et, en définitive, nous incluons Dieu. La pensée comporte toujours également l'intuition que Dieu va se manifester concrètement, se communiquer même. Il appelle Jésus-Christ « l'auto-proclamation absolue de Dieu ». Ce sont autant de notions qui peuvent nous être étrangères aujourd'hui ; mais Rahner tenta de pénétrer la dogmatique à partir de l'intellect, en parlant d'une religiosité naturelle de l'âme. Il a ainsi aidé beaucoup d'hommes qui réfléchissent et s'intéressent au christianisme d'une façon nouvelle.

Rahner était un homme tout à fait pieux. Ses sermons sur l'année liturgique, par exemple, sont souvent lus chez nous à Münsterschwarzach à la prière au chœur encore aujourd'hui. Il y parle avec une grande simplicité, et on y ressent sa piété.

10

Appelé à la fonction de cellérier

APRÈS mon doctorat, j'aspirais soit à enseigner à l'Université, soit à travailler sur le plan théologique en pastorale, car les bénédictins apostoliques n'avaient plus d'école propre à leur Ordre à Sainte-Odile à ce moment-là. J'aurais alors dû aller à Rome, mais je ne le souhaitais pas vraiment. Et il en fut tout autrement.

Après le concile Vatican II, le monastère a eu pas mal de problèmes, parce que beaucoup – en particulier de jeunes frères – ont quitté l'Ordre. L'année 1974 a été le paroxysme de la crise. À cette époque s'est également posé le problème de trouver un successeur au père Théophile, le cellérier, responsable des questions économiques du monastère. Le père Théophile avait alors 69 ans. Un frère, qui avait terminé ses études d'économie politique à Fribourg et travaillé déjà à l'administration du monastère, devait lui succéder. Mais il quitta l'Ordre. Dans son désarroi, le père abbé se souvint que je devais avoir une fibre d'économe de par ma famille. Il n'avait trouvé personne qui soit prêt à devenir cellérier. Lorsque le père abbé me demanda, peu après mon doctorat, de devenir cellérier et, pour ce faire, d'étudier la gestion d'entreprise, je fus tout d'abord très perplexe, car ce n'était absolument pas mon désir, et tout au long de mes études, cela n'avait nullement été mon objectif. J'avais peur aussi que les tâches monastiques purement internes ne soient trop accaparantes et que je ne puisse plus avoir d'activité extérieure. C'était la peur de ne plus avoir du tout de temps, en tant que cellérier, pour les travaux théologiques ou pour la pastorale. C'est pourquoi j'ai longtemps hésité et j'ai cherché conseil auprès de jeunes confrères, en particulier auprès du père Fidelis et du père Meinrad.

Mais le père Théophile avait, lui aussi, reçu une formation théologique, il n'était donc pas un pur homme d'affaires, et était encore responsable de la liturgie au monastère. En outre, il donnait chaque semaine une conférence chez les sœurs protestantes au Schwanberg, leur assurant même aussi un accompagnement spirituel. Théophile souhaitait que je lui succède. Après avoir travaillé les premières semaines à l'administration et assisté à la première réunion sur les questions d'assurance, j'ai continué à douter, pensant que ce n'était pas pour moi. Mais le père abbé déclara : « Bon, vous avez un temps de réflexion, mais dans deux semaines vous prendrez une décision. » Après avoir longuement tergiversé, j'ai fini par dire « oui » dans l'obéissance. J'aurais aussi bien pu dire « non », car ce n'était pas l'obéissance seule qui me faisait assumer cette tâche, mais bien plus une question de conscience : est-ce que je me laisse lier par la communauté et m'engage pour l'ordre bénédictin ? Ou bien, est-ce que je suis mon propre chemin et cherche le travail qui me plaît le plus ? Vais-je faire uniquement ce qui me plaît, ou bien suis-je prêt à assumer ce défi pour la communauté ?

Lorsque j'eus pris ma décision, j'ai obéi sans tourment et je me suis alors adonné à cette nouvelle tâche dans un engagement de toute ma personne. J'ai découvert, ce faisant, que je pouvais contribuer à une meilleure spiritualité du monastère par une organisation claire et précise, et par un bon climat de travail.

C'est ainsi que je me suis engagé très concrètement pour la communauté.

De la dogmatique à l'apprentissage de la gestion d'entreprise

Lorsque je commençai à étudier la gestion d'entreprise, je m'intéressai surtout au calcul des coûts. Mon père était tout de même commerçant ! Je voulus donc apprendre à penser en économe et pouvoir organiser le travail de manière qu'il soit rentable. Mais les études m'obligeaient à étudier en premier lieu les statistiques, le droit fiscal et le droit public. Cela ne m'a pas du tout intéressé. Le monde juridique n'est absolument pas le mien ; ce mode de pensée ne me plaît pas, tout simplement. C'était sec. C'est pourquoi j'ai cherché quelques points forts personnels, mais c'était cependant un grand contraste avec les études de théologie ; et j'ai étudié sans grand enthousiasme. Je me souviens d'un fiscaliste, un type sournois. Il prenait toujours les gens en petit comité et les ridiculisait, parce qu'ils ne savaient évidemment pas tout.

Ce ne fut donc pas une période agréable. À cela s'ajoutait que j'étais encore peu sûr de moi à l'époque : d'un côté j'avais mon doctorat, de l'autre je me retrouvais en première année d'études. Dès le moment de l'inscription, on ne savait pas où me caser. Et ce problème de formalité reflétait les contradictions de ma propre identité.

Avec le recul, ce fut malgré tout une bonne expérience qui m'a fait avancer.

LA VIE AU MONASTÈRE

1

Périodes agitées

DANS les années 1968-1970, nous, les jeunes moines, avons mis beaucoup de choses sur pied au couvent. Après le concile Vatican II, il nous est apparu clairement que chacun devait prendre ses propres décisions. Beaucoup étaient allés au monastère parce que cela répondait à l'attente des parents ou tout simplement parce que c'était l'usage. À l'époque, l'état monacal avait rehaussé son prestige, mais il y eut un changement radical dans les années 1970. Auparavant, on s'imaginait trouver dans les ordres le chemin de la perfection, pour peu qu'on le veuille. C'est la raison pour laquelle certains voulurent devenir moines : ainsi, on deviendrait immanquablement un homme meilleur qui plairait davantage à Dieu. Ces idées avaient eu leur importance et le concile Vatican II les a démasquées en mettant clairement en évidence qu'un religieux n'est pas meilleur qu'un laïc. Que la voie spirituelle se distingue aujourd'hui de cette vision et que la vie monacale représente un appel personnel était une définition nouvelle ; et beaucoup, qui ne s'y retrouvaient plus ou qui avaient jusque-là simplement suivi le mouvement, ont alors quitté les ordres. On ne peut pas dire que cela ait été la faute du concile, mais il a provoqué des réflexions entièrement nouvelles.

Nous, confrères de la génération 1968, nous étions rebellés contre beaucoup de choses au monastère. Nous avons réfléchi en profondeur à ce que signifie être moine aujourd'hui. À l'époque, à Paris, quelqu'un avait inscrit sur le mur d'un immeuble le slogan : « Je suis moine », ou quelque chose d'approchant. Il voulait dire par là que les moines sont des déserteurs, c'est-à-dire qu'ils ont une conception différente de la vie. Nous n'avons pas tout jeté par-dessus bord, mais cherché de façon constructive et avons découvert les Pères du désert égyptiens, eux-mêmes « déserteurs ». Peter Sloterdijk a écrit sur le sujet ; il comprenait cet état de vie monastique pour lequel il avait de la sympathie.

En théologie ou au noviciat, je m'étais peu penché sur le monachisme primitif. Mais Fidelis avait étudié la théologie morale et préparé une thèse de doctorat auprès d'Alfons Auer sur le thème monastique « L'obéissance chez Pacôme », Pacôme le Grand étant un moine égyptien fondateur de monastères. Pour cela il avait préalablement étudié deux années à l'Institut monastique de Rome et beaucoup réfléchi à ce qu'est le monachisme et comment on peut le vivre de façon convaincante aujourd'hui. Autrefois, le monachisme bénédictin a été marqué par l'abbaye de Beuron. La liturgie y était centrale. La vie monastique était interprétée d'un point de vue esthétique et non ascétique ; mais le monachisme est aussi un chemin personnel, sur lequel le rapport aux pensées et aux passions est très important. Nous avons remarqué que nous avions de nouveau besoin de ces racines. Et nous avons senti à la lecture des Pères du désert que cela reposait sur une expérience. La question se posait : comment relier l'expérience psychologique à celle de ces moines ?

Le monachisme bénédictin tel que l'avaient marqué surtout les moines de Beuron ou de Maria Laach est né du mouvement de restauration des années 1860-1870 après la sécularisation. À l'époque importaient le romantisme, le plain-chant et l'esthétique, mais c'était une forme exclusive de monachisme. C'est pourquoi nous avons redécouvert les moines des premiers siècles, chez qui la vie spirituelle est centrale. Aucune communauté ne peut vivre uniquement de liturgie.

J'ai relu il y a peu les notes de captivité d'Alfred Delp. Il y parle des ordres, des Jésuites, des Capucins et des Bénédictins et pense que ces trois derniers ont vraiment un avenir, mais que les Bénédictins devraient revenir à saint Benoît, qu'ils devraient se défaire d'un féodalisme bourgeois et d'un esthétisme spirituel à la manière de Beuron. Il était très important pour nous que le monachisme soit différent, un chemin intérieur tout à fait personnel.

En 1978, Fidelis est devenu prieur. Il tenta de concrétiser quelques idées qui avaient motivé notre génération de 1968. En qualité de cellérier, je l'ai soutenu. Mon objectif était toujours l'amélioration de notre communauté, ce dont je discutais alors avec le père Fidelis. Je philosophais avec lui sur notre manière de travailler et sur la façon dont nous comptions élever l'état spirituel de notre communauté.

En 1982, Fidelis a été élu père abbé. Cela relevait en partie du paradoxe, car il avait été précédemment notre principal révolutionnaire et écrit sa thèse de doctorat sur Pacôme, parce qu'il ne se retrouvait pas dans notre compréhension de l'obéissance. Voilà qu'il devenait lui-même abbé et devait exiger obéissance de ses moines... Fidelis a pris un nouveau départ,

car il attachait beaucoup de prix à la communauté,
au dialogue et aux délibérations. Il a créé les cénacles,
c'est-à-dire de petits groupes qui échangeaient entre
eux. Puis vinrent s'ajouter les journées conventuelles
pendant lesquelles nous avons beaucoup avancé. Nous
avons davantage communiqué. Une société d'hommes
court le risque que chacun suive son propre chemin
et que le vivre-ensemble soit stérile. Quand une communauté ne fait rien pour elle, elle se sclérose.

Au début des années 1970, les jeunes moines que
nous étions nous sommes révoltés ; mais nous avons
vite constaté que cela n'avait pas de sens. En nous
révoltant, nous angoissons nos frères plus âgés. C'est
pourquoi nous avons décidé d'aborder, dans des sessions pour nos frères, des thèmes spirituels tels que
« la prière des moines », « la méditation dans le monachisme ». Nous avons également organisé des journées
de travail au couvent et parlé ensemble de notre prière.
Ce furent donc des sessions pleines de piété, débar-
rassées de la prétention de tout faire autrement. Cela
était bon pour nous que les anciens, les octogénaires,
se mettent à parler des problèmes qu'ils rencontraient
dans la prière et ce qui les aidait. Tout à coup, ce ne
fut plus un affrontement, mais un échange sincère
d'expériences.

Ainsi, mon livre sur le milieu de la vie est né d'une
de ces sessions[1]. Le déclencheur a été que deux frères
moines âgés d'une quarantaine d'années ont quitté
notre communauté bénédictine, ce qui était inhabituel,
car la plupart des départs se produisent à la trentaine.

---

1. *La Crise du milieu de la vie. Une approche spirituelle* (1980), Médiaspaul, 2005.

Mais le fait que des frères nous quittent au milieu de la vie nous a choqués. Nous avons d'abord pensé que notre communauté n'allait pas bien et que nous devions y remédier. L'abbé de l'époque, Boniface, était pourtant ouvert et nous laissait suivre notre voie, mais il avait peur des discussions en groupe. Demander à une communauté ce qui ne va pas crée souvent une réaction d'angoisse ou de défense chez les responsables. Nous avons donc abordé le sujet plus ouvertement et discuté du milieu de la vie en général. J'ai parlé du psychologue suisse Carl Gustav Jung et le père Fidelis du mystique allemand Johannes Tauler. Cela a déclenché de fructueuses discussions, qui ont plus fait avancer les choses que la confrontation ou la critique. La confrontation entre les vieux et les jeunes a vu s'ouvrir une brèche et la réflexion commune sur le sujet a rapproché les membres de la communauté.

À présent, je ne fais plus partie des plus jeunes, et il y a d'autres jeunes novices. Ils ont leurs propres idées, et l'abbé essaie de les inclure dans les réunions conventuelles pour qu'ils puissent aussi prendre la parole, c'est important. Il y a certains monastères où les jeunes n'ont absolument pas leur mot à dire. Les anciens s'y accrochent à leurs fonctions et ne laissent pas les jeunes s'élever.

2

Stabilitas loci et déplacements

E N entrant au couvent, j'ai eu peur de tomber dans
une sorte de consanguinité et de tourner en rond.
Depuis, je n'ai plus cette crainte ; au contraire, je dois
plutôt me limiter pour pouvoir vivre comme un moine
ordinaire au monastère.

Je ne suis certainement pas le moine idéal, mais
nous sommes des bénédictins missionnaires, et je suis
resté au monastère de Münsterschwarzach durant
quarante-cinq ans[1] sans interruption, hormis pendant
mes études et mes voyages. Je n'ai commencé à me
déplacer que ces dernières années. Jusque-là, j'étais
toujours à Münsterschwarzach, où je participe à toute
la vie du monastère. Évidemment, il y a une certaine
tension entre la vie monacale et mes activités officielles,
mais le rythme de la vie au monastère est important
pour moi. Et je sens que la conjonction de prière et
de travail, d'activité intérieure et d'occupations extérieures, de solitude et de vie communautaire me fait
du bien. J'ai ma cellule, où personne n'entre, et j'ai
mes temps de prière. Les premières années, je n'ai
donné de conférences qu'une fois par semaine, voire
plus rarement ; maintenant j'en donne deux, auxquelles

---

1. Soit cinquante années, au moment où paraît cette traduction.

une autre s'est ajoutée, tous les mardis à Wurtzbourg. J'ai tenu à me réserver le mercredi. Mais parfois, une conférence vient s'y greffer, de sorte que j'en ai généralement trois ou quatre par semaine ; et le week-end j'ai toujours des cours, soit à l'hôtellerie du monastère, soit à Wurtzbourg. Je refuse la plupart des demandes d'instituts de formation extérieurs. Je ne donne pas de cours dans les autres centres de formation, mais des conférences, tout au plus. J'y vois là aussi ma mission.

À vrai dire, les voyages ne se sont ajoutés que depuis six ans. Auparavant, j'allais en Pologne et en République tchèque, mais toujours le week-end seulement. Je me suis aussi rendu au Mexique quatre jours seulement, du jeudi au dimanche soir. J'y ai alors donné six ou sept conférences. Je suis allé en Argentine et au Brésil, cinq jours respectivement. Je considère que tout cela fait partie de mon appel missionnaire. Je me réjouis quand je sais qu'on lit mes livres là-bas aussi. Apparemment, là-bas aussi on est en quête d'une voix qui essaie de relier spiritualité et psychologie. Et comme il n'y en a pas sur place, mes livres sont une aide pour beaucoup d'hommes, ce dont je me réjouis. Je me sens particulièrement proche des hommes en Asie, en Corée et à Taïwan. Mon ancien amour du temps du noviciat s'est manifestement ravivé et je me sens sur la même longueur d'ondes. Des hommes d'une tout autre culture comprennent ma pensée et la ressentent comme une aide pour leur foi et pour leur vie.

De cette tension entre l'état monastique et une nature tournée vers l'extérieur, j'ai l'expérience récurrente. Et je recherche la juste mesure : qu'est-ce qui est bon et vrai pour moi et qu'est-ce qui ne l'est pas ? J'essaie également de me donner des limites ; et l'état de vie monacale est une aide précieuse en ce sens. Elle offre un cadre clair. Et je peux dire qu'à l'heure des vêpres, je n'accepte rien, ni entretiens ni autre chose. Il est donc important pour moi, jusqu'à présent, d'avoir les deux : la vie au monastère et la vie à l'extérieur.

3
La pauvreté

Nous, bénédictins, n'avons pas de réponse définitive sur la question de la pauvreté dans le monde. Elle est assurément un défi pour toute la société et surtout pour le monde politique. Comment nous comportons-nous envers les hommes qui ne sont pas responsables de leur pauvreté ou qui se sont simplement retrouvés dans cet état-là ? Les mères élevant seules leurs enfants, par exemple, se retrouvent souvent démunies. Il en va de même pour les gens qui sont tombés malades et qui subissent le chômage.

C'est un aspect mais il y a par ailleurs beaucoup d'hommes et de femmes qui ne s'en sortent pas dans la vie. J'en rencontre sans cesse. Eux aussi souffrent évidemment de la pauvreté. Ils veulent travailler, mais y réussissent difficilement, non seulement parce qu'ils ne trouvent pratiquement pas d'emploi, mais parce qu'ils n'ont pas assez d'énergie, psychiquement, pour gérer leur vie. C'est effrayant, et je touche aux limites de l'aide que je peux leur apporter. Ce fut le cas pour un couple que j'essayai d'accompagner, mais cela s'avéra très difficile. En Allemagne, ces personnes sont encore au moins assurées, dans une certaine mesure, contrairement à ce qui se passe en Amérique. Or elles ont aussi besoin de travailler. Le problème est seulement que

le monde du travail a des exigences de plus en plus
élevées et que beaucoup d'hommes et de femmes sont
dépassés. Dans toute société, il y a des ouvriers, mais
ils sont de plus en plus remplacés par les machines.
Nous produisons ainsi de plus en plus d'hommes qui
ne sont plus adaptés à la vie. Il faudrait aujourd'hui
beaucoup d'imagination pour trouver à ces hommes
des débouchés correspondant à leurs capacités.

Pour moi personnellement, la pauvreté n'est pas un
problème. Je suis né dans un milieu modeste : mon
père avait un magasin, mais les temps d'après-guerre
étaient difficiles. Il n'y avait pas d'argent pour le luxe,
et ce dernier n'est pas une tentation pour moi. Lorsque
j'ai à traiter avec les banques, je suis souvent invité à
déjeuner dans des restaurants chers, où je n'irais jamais
de moi-même. Je le savoure à l'occasion, mais cela
n'éveille en moi aucune nostalgie. Dans mon travail
au monastère, la pauvreté n'est pas un sujet de pré-
occupation, au contraire : en tant que cellérier, j'essaie
de donner une bonne base économique à l'abbaye ;
mais être moine, cela signifie aussi mener un style
de vie simple. Il y a deux ans, par exemple, nous
eûmes une grande discussion. Nous devions rénover
le bâtiment de l'aile est abritant la clôture des moines,
et la grande question fut de savoir si nous voulions
installer des sanitaires dans chaque chambre ou si
nous laissions les cellules telles quelles, simplement
rénovées et munies d'un chauffage moderne. Je plaidai
pour la simplicité, car je connais assez de couvents qui
ont réaménagé leurs locaux et il en a résulté l'isole-
ment pour chaque moine qui vit dans sa sphère. Un
architecte m'a demandé : « Est-ce que vous voulez
un silo pour fonctionnaires ou un couvent ? » Pour

moi, la manière dont nous construisons, dont nous aménageons les pièces monastiques et décorons la partie habitable est une question d'ordre spirituel. Bien évidemment, j'apprécie d'avoir des sanitaires privatifs quand je suis reçu dans un centre de formation. Et lorsqu'en 1979 nous avons prévu une hôtellerie, nous y avons aménagé des sanitaires, malgré l'opposition de nombreux frères moines. Cela répond aux besoins des hôtes et contribue au calme d'une hôtellerie. Mais un couvent, c'est autre chose. La façon dont nous l'habitons et y vivons traduit notre conception de la vie monastique. Mes frères ont pensé un jour qu'il me fallait absolument une nouvelle Golf parce que la mienne avait déjà 320 000 kilomètres au compteur ; mais je la conduisais tout de même. Aujourd'hui, j'en ai effectivement une nouvelle, mais je ne m'en serais pas acheté une de moi-même.

4

Le célibat

JEUNE homme, j'ai toujours été fasciné par les femmes. Lorsque nous faisions des excursions au pensionnat et rencontrions à cette occasion des filles, je ressentais toujours une fascination. Mais j'étais plutôt timide et n'allais jamais spontanément vers elles. J'ai grandi avec trois sœurs, et nous étions très proches. Mais rencontrer des jeunes filles inconnues est une autre affaire. Cependant, cette fascination pour le sexe opposé n'a pas bouleversé toute ma vie, car il avait toujours été bien clair pour moi que je suivrais la voie monastique. De temps en temps, je n'étais plus tout à fait sûr, mais pas au point d'envisager de quitter les ordres.

J'ai parlé aussi avec un ou deux frères moines plus âgés de mes fantasmes sexuels et de mes sentiments, ce qui était sûrement important. Mais on ne pouvait pas en parler avec des frères du même âge, du moins pas à l'époque. Nous plaisantions parfois sur le sujet ou sur le célibat en général, mais c'est tout. Chacun cherchait des chemins personnels et en parlait tout au plus en confession.

Le célibat se vit mieux en communauté religieuse que seul ; mais même une communauté d'hommes ne remplace pas l'attrait d'une relation avec une femme.

C'est pourquoi il n'est pas étonnant que 80 % des frères qui sont partis l'aient fait à cause d'une femme.

Graf Dürckheim pensait que la sexualité n'était pas seulement la sexualité génitale, mais impliquait aussi de vivre avec ses cinq sens et de se sentir dans son corps. En nous entretenant avec lui, nous avons découvert des moyens de donner un sens au célibat, d'intégrer l'énergie érotique dans notre vie et de transformer la sexualité en créativité. Par la suite, dans les années 1990 encore, nous avons souvent parlé dans le Centre de récollection des conditions qui permettent de réussir une vie dans le célibat.

Il existe pour moi quatre facteurs qui le permettent.

Premièrement, un sain art de vivre. Je constate souvent chez les prêtres qu'ils sont parfois négligés, qu'ils n'ont pas l'art de vivre, de manger, de se loger. Et lorsqu'ils n'ont pas le sens de la culture, de la musique, de la peinture, de la beauté de la création, ils cherchent ailleurs un lieu où ils se sentent chez eux, notamment auprès d'une femme.

Deuxièmement, de saines relations et amitiés. Lorsque je suis entré dans l'Ordre, on nous mettait encore en garde dans les monastères contre les amitiés particulières, car on avait peur d'emblée qu'elles puissent être de nature homosexuelle. Nous devions même nous vouvoyer. À l'école, nous nous étions toujours tutoyés, et nous devions tout d'un coup nous dire « vous » au noviciat, pour éviter que naisse une amitié particulière. C'était quelque peu curieux. Mais deux ou trois ans seulement après le concile Vatican II, cette règle a été supprimée.

Lorsque Fidelis devint père abbé, il posa cette question aux moines : Chacun pouvait-il dire d'un frère qu'il était son ami ? Pour la vie spirituelle, et précisément dans le célibat, l'amitié est importante. Les relations amicales approfondissent encore l'amitié avec Dieu ou avec Jésus-Christ. La deuxième condition est donc d'avoir de bonnes relations, des amitiés avec les hommes et les femmes. Naturellement, on marche toujours sur la crête, et je n'ai pas le droit de rendre une femme dépendante. Je connais des prêtres qui ont une amie, le prêtre continuant à exercer son ministère, mais l'amie devient plus ou moins inapte au mariage et ne se réalise pas totalement. Ce n'est donc pas une relation équilibrée ; c'est une nouvelle forme de cléricalisme. C'est pourquoi il importe toujours de rester libre, mais d'entretenir des relations amicales et ouvertes avec hommes et femmes.

Troisièmement, la créativité. La vie doit couler, et pour moi, c'est assurément par le biais de l'écriture que cela passe. L'écriture est une forme de créativité – tout comme mon travail à l'administration –, pour laquelle je peux mettre des choses sur pied.

Quatrièmement, la spiritualité mystique. La spiritualité a à voir avec l'extase, l'oubli de soi, l'oblation.

Lorsque je suis entré dans les ordres, la spiritualité consistait avant tout à remplir son devoir. Quand on avait tout fait correctement, c'était déjà une forme de spiritualité. Mais cela ne suffit pas, car il manque la dimension émotionnelle. Il faut l'aspiration à l'amour, à la terre, à la vie, pour sentir que Dieu est l'accomplissement de mes aspirations. Tout ce que je peux vivre par ailleurs dans une relation avec une femme, je dois le présenter à Dieu dans la prière : l'ardent désir de mon corps, c'est-à-dire celui qui est d'ordre sexuel. Ne peut être transformé que ce que je présente à Dieu. Quand je trouve l'unité dans la méditation ou que je suis dans la nature et sens le soleil sur ma peau, je ressens du plaisir. Je suis unifié dans mon corps et à cet instant tout est un. Sexualité et esprit, sentiments et sensualité, tout est un. Faire ce genre d'expériences d'unité sans exclure quoi que ce soit : voilà l'expérience mystique. Dans ma jeunesse, la spiritualité était plutôt une sorte d'ascèse. Les fantasmes sexuels étaient aussitôt interdits, ils ne devaient pas exister, et il fallait réprimer les pulsions sexuelles. Il s'agissait de les déraciner, ou de les refouler. Mais cela mène à des formes maladives ou à une spiritualité très forcée. L'autre solution est non pas de donner libre cours à sa sexualité, mais de la laisser couler en soi. C'est pourquoi je ne parle pas aussi volontiers de sublimation que Sigmund Freud, mais d'intégration : laisser affluer sa sexualité dans le travail, dans les relations, mais non dans la sexualité génitale, justement.

Il est donc important pour moi que la sexualité soit source de spiritualité. Quand je le décris ainsi, régulièrement, quelques évêques s'en émeuvent, car ils croient que je parle de sexualité vécue, c'est-à-dire génitale. Mais lorsque j'en discute avec des ecclésiastiques ou avec des couples, lorsqu'on en parle avec sincérité, il s'avère que le monde parfait en la matière n'existe pas, que ce soit dans la vie religieuse ou dans le mariage. Parler ouvertement et sincèrement de la fragilité que chacun éprouve est très important. Les couples doivent essayer tout autant de gérer leur sexualité, mais ils ont besoin aussi de quelque chose qui dépasse la sexualité.

Un thérapeute ayant quatre enfants m'a parlé de sa méthode thérapeutique. Sa propre thérapeute lui avait dit : « Si la sexualité se réduit pour toi à coucher avec une femme, tu tomberas malade. » Chez lui, la sexualité par rapport à sa femme ne retrouva sa vraie mesure que lorsqu'il se mit à peindre, redonnant ainsi libre cours à sa créativité. Pour moi, c'est important, et on le vit aussi en communauté. Il existe des communautés stériles, ce sont celles dans lesquelles la sexualité est refoulée.

On peut aussi faire l'expérience de l'amour mystique, mais non en permanence. Dans notre Centre de récollection, nous avons traité le sujet : les hommes qui suivent la voie bouddhiste dépassent parfois leur incapacité relationnelle au lieu de la déplorer. Chez certains prêtres et certains religieux, il peut se produire qu'au lieu de déplorer leurs manques ils en fassent une théorie religieuse et en arrivent, par exemple, à sublimer le célibat. Un thérapeute nous dit un jour, à nous célibataires : « Vous devez déplorer de ne pas avoir de femme. Je dois déplorer de n'en avoir qu'une. » Ainsi, le mariage implique aussi de dire oui à la banalité. Tous les états de vie comportent une limite et une blessure que l'on doit déplorer. Dans leur livre célèbre, Alexandre et Marguerite Mitscherlich[1] ont écrit à ce propos : celui qui ne déplore pas se sclérose intérieurement. Déplorer conduit, au contraire, à mon propre potentiel, ce qui me permet de dire « oui ». Je me dis alors : « Là, il y a une blessure, et je le déplore, et

---

1. Alexander et Margarete Mitscherlich, *Die Unfähigkeit zu trauern* (« L'incapacité de déplorer »), Piper, 1967.

cela fait mal ; mais je *touche du doigt* quelque chose de positif. » Devant des théories aussi euphoriques, je suis parfois sceptique. J'ai remarqué, en effet, que l'euphorie constitue toujours une fuite devant la réalité. Tout doit être « super ». Pour les prédicateurs télévisuels américains, qui font des sermons moraux particulièrement sévères, tout est toujours absolument « super » et simple. Après quoi, ils ont leurs affaires de sexe. Lorsqu'on fanfaronne – et là, je me mets moi-même en garde de ne pas le faire –, je suis très sceptique. Car la vie est une recherche permanente. Parfois cela réussit, parfois cela réussit moins bien et mène à la sérénité et à la confiance, mais non au perfectionnisme. La perfection n'existe pas par rapport à la sexualité.

Je sais que les deux penchants coexistent aussi en moi : d'un côté, la tendance à vouloir la perfection, à vouloir tout maîtriser, et, de l'autre, cet accommodement personnel avec l'imperfection. Deux âmes cohabitent en mon sein, si l'on peut dire. L'ancienne spiritualité demeure dans un coin de moi-même, mais j'espère, en vieillissant, pouvoir en prendre conscience sans qu'elle domine, afin que la sérénité et la confiance en ce que Dieu m'accepte tel que je suis l'emportent. La sexualité comporte toujours un cri vers la vie, vers l'extase, telle qu'elle se réalise finalement dans la mystique. Thérèse d'Ávila a eu des « relations érotiques », et ce fut important pour son cheminement. Cela lui a donné des ailes de voir en Dieu l'accomplissement de son aspiration à l'Amour.

Bien entendu, le renoncement à l'amour a aussi entraîné des crises assez fréquentes. Déjà au noviciat, je craignais de m'étioler dans une communauté

uniquement masculine. Et il est évident que j'ai eu
parfois la nostalgie, pendant mes études et plus tard
aussi, lorsqu'en accompagnement spirituel, j'eus affaire
à des femmes. Mais en allant au bout de ma réflexion
sur le thème « Se marier et fonder une famille », le
sentiment montait toujours en moi : non, ce n'est pas
ce qu'il me faut. Il y avait aussi la crainte de l'em-
bourgeoisement. Dès que je laissais place en pensée
à l'alternative célibat ou mariage et famille, il m'ap-
paraissait clairement que j'étais appelé à être moine.
Je ne dis pas que le célibat est toujours agréable, il
comporte bien une blessure ou un manque, que je
ressens tout à fait, mais cela me convient ainsi. Je suis
ami avec une famille. Lui est psychologue, et je suis
souvent en contact avec le couple. Ils s'entendent bien
et je m'en réjouis. J'ai baptisé leurs trois enfants. Mais
cet ami comprend aussi ma voie. « Quelquefois, dit-il,
je t'envie : tu peux simplement fermer ta porte. »

En chaque homme cohabitent un moine *et* un père
de famille. Nous devons choisir une voie. Aucun des
chemins ne recèle le pur idéal, ni celui de la famille ni
celui du célibat. Chaque voie comporte ses avantages
et ses inconvénients. Certes, j'ai souvent été amoureux.
Il est bon aussi d'être amoureux et de sentir : oui, je
suis capable d'aimer. Mais la question se pose alors :
comment l'intégrer dans ma vie ? Lorsque je suis amoureux, je sens en moi un amour profond. Il fait partie de
moi et est finalement indépendant de la femme dont
je suis devenu amoureux. L'expérience de l'amour me
conduit au fond de mon âme, où coule la source de
l'Amour, qui est Dieu, en dernier ressort. Dans mon
rapport à l'amour et aux femmes, la responsabilité vis-
à-vis de mes lecteurs est aussi importante pour moi. Je

ne pourrais pas avoir une double vie. Je ne pourrais aucunement prendre la responsabilité d'écrire et puis de vivre autrement.

Sur la voie mystique qui me fascine beaucoup, je rencontre aussi l'érotisme. Les mystiques ont souvent décrit leurs expériences en un langage érotique. L'érotisme signifie que je ressens dans ma vie spirituelle quelque chose du désir d'extase, du coup de foudre. La sexualité est le désir de se sentir avec plus d'intensité, de s'abandonner et de vivre l'extase. La spiritualité ne peut être seulement l'accomplissement de son devoir. Accomplir uniquement la volonté de Dieu, ce serait trop sec. Il faut aussi faire l'expérience de l'émotion. Lorsque je suis touché en profondeur, je fais en fin de compte une expérience érotique. Mais dans le domaine de la spiritualité, on doit se contenter parfois d'expériences ou d'instants mystiques, avant de revenir au quotidien pour le vivre dans la fidélité et la probité. Or, sentir que la spiritualité conduit à éprouver la paix intérieure et la vivacité – qui concerne le corps aussi – me laisse penser que la voie spirituelle permet, elle aussi, au désir de sexualité de trouver son accomplissement.

La mystique chrétienne parle même de l'union à Dieu – de l'*unio mystica*. Mais les chemins qui y mènent sont la *via purgativa*, la *via illuminativa* et la *via unitiva*. Ce sont trois voies qui me conduisent à l'union à Dieu. Il faut commencer par l'ascèse, travailler sur moi-même, me familiariser avec mes passions, arriver à la purification intérieure de tous les troubles qui ne cessent d'assombrir ma véritable image. Alors se produit l'illumination. Tout ce qui est en moi, ténèbres comprises, s'éclaire à la lumière de Dieu. Alors seulement l'union devient possible. Mais union n'est pas fusion, dissolution du moi. Ici s'applique plutôt la formule du concile de Chalcédoine (451) : comme Jésus est vrai Dieu et vrai homme, comme la nature divine et humaine ne font qu'un en Lui, inséparables et sans se confondre, ainsi faut-il aussi comprendre l'union à Dieu dans l'expérience mystique. Inséparable veut dire que nous sommes vraiment entièrement un avec Dieu. Mais même dans cette union, nous ne nous confondons pas. C'est une union personnelle, telle que l'homme et la femme ne font qu'un et pourtant restent entièrement eux-mêmes. Cette image de l'union de l'homme et de la femme repose, dans la mystique chrétienne, sur l'union à Dieu, et je pense que cela m'aide plus que la fusion. L'individu n'a absolument plus aucun sens s'il oublie l'existence de sa personne. C. G. Jung met en garde contre cette dissolution de la personne. Elle est dangereuse pour le devenir personnel de l'homme. Il perd son centre ; et il perd le sentiment de sa responsabilité. La voie chrétienne de la mystique me conduit au fond de mon âme, à mon vrai moi. Lorsque je suis dans le moi, dans la profondeur, au fond de mon âme, je ressens une nouvelle union aux choses, au monde, à tous les humains. Mais malgré tout, je ne suis pas dissous.

5

L'obéissance

J E n'ai encore jamais écrit un livre que j'aurais d'abord montré au père abbé, j'écris spontanément. Je ne demande à personne avant d'écrire. Cela ne pose pas de problème avec le père abbé. Obéir au père abbé, cela veut dire que je ne peux gérer ma vie moi-même comme je l'entends. Je suis responsable envers la communauté. Ainsi par exemple, le père abbé et moi nous concertons sur mes rendez-vous. Car en premier lieu, je dois remplir ma tâche ici à l'abbaye, à l'administration, au Centre de récollection, à l'hôtellerie, en qualité de frère moine. Je n'accepte pas toutes les requêtes, mais pose d'abord la question au père abbé, même si ce n'est pas le cas pour chaque demande. Je lui donne mon planning, et nous parlons ensemble des rendez-vous. Parfois, il me dit que c'est un peu trop pour le moment. Et c'est pour moi une petite correction bienvenue, en particulier pour les demandes venant de la télévision, ce peut être une protection. Je reçois beaucoup de demandes de la télévision, auxquelles je peux toujours répondre : « Je dois d'abord voir avec le père abbé. » Les équipes télévisées me demandent souvent une interview et veulent en plus filmer quelque chose au couvent, particulièrement la prière au chœur. Là, il va de soi que je demande au père abbé. Car le couvent souhaite chanter la prière au chœur devant Dieu et non devant la caméra de télévision. Si le père abbé dit « non », c'est pour moi une très bonne protection. Sinon je ne pourrais guère me prémunir contre les demandes.

Naturellement, c'est cela l'obéissance et elle me lie ; mais l'obéissance concerne la communauté. La question qui m'est posée est de savoir si je m'engage envers la communauté ou non. Il ne s'agit pas d'une obéissance arbitraire, parce que le père abbé a une envie momentanée et dit simplement : « Je veux que tu fasses cela, c'est une raison suffisante ! » Si je remarquais qu'une exigence était arbitraire, je résisterais autant qu'il le faudrait. Mais la question est plutôt que je me laisse lier, c'est-à-dire que je sois fiable, que l'on puisse compter sur moi. Autant de choses qui m'importent. Je ne voudrais pas jouer un rôle à part, mais respecter les règles que nous nous sommes données – en ce qui concerne l'argent aussi – exactement comme les autres. Cela aussi, c'est l'obéissance.

6

Les liens avec la famille

J'AI six frères et sœurs dont cinq sont mariés. J'aime bien être avec eux et j'ai de bons contacts avec tous. Mais comparé à eux, c'est moi qui ai le plus voyagé. Ils sont évidemment en plein dans la vie, mais j'ai probablement plus de contacts humains qu'eux, tout en ayant malgré tout plus de temps chaque jour pour lire et étudier. Une vie religieuse comme la mienne est donc un grand privilège. En qualité de cellérier, je dois veiller à ce que l'ensemble de l'activité économique aille bien. Mais je n'ai pas à me préoccuper des repas ou des vêtements. Souvent, c'est vraiment un avantage que beaucoup de choses quotidiennes vous soient épargnées.

Durant les premières années au couvent, je pouvais difficilement imaginer de ne pas fêter Noël en famille. Nous avons toujours eu de belles célébrations de Noël. Des années plus tard, au contraire, je n'aurais pas pu imaginer Noël en famille.

Tant que ma mère vivait, mes frères, mes sœurs et moi étions toujours réunis pour son anniversaire – les familles au complet, enfants compris. C'était toujours une belle fête. Puis, lorsque ma mère est décédée, en 2000, nous avons constaté que le pilier familial manquait. Quand c'est l'anniversaire de l'un de mes frères ou de l'une de mes sœurs, un anniversaire avec un chiffre rond, tous sont présents comme avant. Lorsque je fête un jubilé au couvent ou mon anniversaire, ils viennent aussi. Mais la réunion annuelle pour l'anniversaire de notre mère nous manque. Lorsque nous sommes tous réunis, nous faisons la fête avec joie. Et à mesure que nous vieillissons, un nouveau besoin se fait sentir de nous réunir et d'échanger ensemble. Lorsque j'ai fêté mon jubilé des quarante ans d'ordination avec mon cousin, le père Udo, tous sont venus avec plaisir et sont restés longtemps autour d'une table le soir à fêter l'événement. Le père Udo est le fils de ma tante maternelle – nos mères étaient toutes deux originaires de l'Eifel et nos maisons étaient voisines, de sorte que nous avons pratiquement été élevés ensemble, les six enfants de ma tante et nous sept. Et ces deux familles de six et sept enfants sont toujours liées : tous les trois ans, elles se réunissent avec les familles de l'Eifel, les enfants des autres sœurs de ma mère qui avaient une ferme dans l'Eifel. Nous sommes alors entre soixante et quatre-vingts personnes. Nous avons besoin de nous retrouver.

En vacances, j'ai l'habitude de randonner une semaine avec ma plus jeune sœur, mon frère aîné et sa femme. La dernière fois, j'ai passé une semaine chez mon autre sœur, avec laquelle j'ai écrit le livre *La Féminité dans tous ses états*[1]. Elle ne randonne pas en montagne autant que ma sœur cadette. Nous avons fait davantage de vélo, avons marché tranquillement

---

1. Anselm Grün et Linda Jarosch, *La Féminité dans tous ses états*, Médiaspaul, 2005.

et nous sommes baignés dans le lac Staffel. J'ai passé une autre semaine chez mon plus jeune frère, qui était aussi au monastère. Ainsi, nous avons beaucoup de contacts les uns avec les autres.

DOMAINES D'ACTIVITÉ

1

Le cellérier

L E cellérier est responsable de l'économie d'un
monastère et a donc une tâche très importante.
Notre abbaye gère vingt entreprises : agriculture,
jardinerie et diverses entreprises artisanales. À cela
s'ajoute l'école, qui compte neuf cent quatre-vingts
élèves et dans laquelle l'abbaye investit une grosse
somme chaque année, parce que l'État ne verse que
75 à 80 %. Nous ne demandons que 35 euros par mois
pour les frais de scolarité. Cela occasionne un déficit
à l'abbaye qu'il faut combler. Les entreprises artisanales sont essentiellement la boulangerie, la charcuterie,
la maçonnerie, l'électricité, la carrosserie, la forge, la
serrurerie, la menuiserie, la charpente, l'orfèvrerie,
l'imprimerie, la cordonnerie, la couture. S'y ajoutent
la maison d'édition et la librairie.

Nous avons deux cent quatre-vingts employés et
sommes donc un gros employeur, ayant la responsabilité économique d'offrir des emplois stables. En
outre, nous développons un projet écologique, afin
de produire 96 % de l'énergie dont nous avons besoin
à partir de sources renouvelables. Étant donné que
nous nous nourrissons nous-mêmes et devons avoir
une gestion solide, nous sommes obligés d'avoir des

structures transparentes. Pour nous, tout repose sur trois piliers.

Premier pilier : être économes. Cela ne consiste pas seulement à éteindre la lumière lorsqu'elle n'est plus nécessaire, mais aussi à tout bien organiser. Nous avons une administration assez simple, pour éviter au maximum les points de friction. Quand je pense à d'autres entreprises dotées d'un service spécial de contrôle et dans lesquelles les départements se sollicitent constamment les uns les autres, je remarque que nous avons une structure vraiment légère. Je suis contre toute bureaucratie et je n'aime pas ce qui se montre inefficace.

Deuxième pilier : la production. Nous devons produire pour gagner de l'argent. Nous produisons dans l'agriculture, par le biais de la maison d'édition, de l'imprimerie et des entreprises artisanales. Font également partie de la production les livres que nous vendons à l'étranger, ainsi que les conférences et les cours que nous donnons.

Le troisième pilier, ce sont les opérations financières. Tout le flux monétaire de l'abbaye de Münsterschwarzach passe par les différents comptes bancaires que je suis et vérifie journellement. Je dois voir de combien d'argent nous avons besoin sur le moment pour les virements et pour les salaires. Je dois donc moduler et, si besoin est, vendre des titres pour pouvoir verser les salaires. Il faut jongler chaque jour avec l'argent.

Les années passées, nous avons fait des bénéfices notables. Mais nous sommes touchés aussi par la crise économique actuelle, et il serait malhonnête de dire que cela ne nous concerne pas. Car celui qui travaille avec l'argent est touché, et cela a été pour moi un défi spirituel. Ces dernières années, j'ai réussi et je commence à ressentir une joie maligne. Dans le quotidien *Bild* est paru un article intitulé « Le perdant du jour ». Cela m'a agacé. Le service de presse protestant a, lui aussi, publié je ne sais quel article sans m'en parler. Il a envoyé un communiqué intitulé : « Le père Anselm a-t-il fait de mauvaises affaires ? » à tous les journaux. Après la première colère devant des méthodes journalistiques injustes, j'ai pensé : c'est bon pour ma réputation de ne pas toujours passer pour celui qui réussit. Je prends comme un défi spirituel de faire face aux échecs. Celui qui entreprend quelque chose fait aussi des erreurs. Mais sans les placements, nous ne pouvons financer l'école. Et même la crise ne remet pas le financement en cause. Évidemment, Dieu fait bien ce qu'il fait et c'est maintenant un défi de retrouver la bonne mesure. En définitive, je n'ai pas gagné l'argent pour m'enrichir, mais pour offrir un avenir à cette entreprise de deux cent quatre-vingts employés. Et il y a toujours des hauts et des bas.

Mon expérience est la suivante : on peut encore moins parler objectivement d'argent que de sexualité. Car aussitôt arrivent les reproches moralisateurs : gérer l'argent et, encore plus, boursicoter est immoral, voire diabolique. Pourtant, tous ceux qui font de la gestion financière savent que ce n'est pas possible autrement qu'en boursicotant. En effet, même les placements sans risques et les placements éthiques suivent le cours de la bourse. Ces reproches vont de pair avec des sentiments d'envie, ou encore une satisfaction un peu perverse quand les choses ne marchent pas tellement bien.

En accompagnant les couples, je remarque aussi que l'argent est tabou. Il y a des couples qui ne parlent pas d'argent. La femme ignore alors ce que son mari fait de l'argent, et réciproquement. Pourtant, quand un couple ne communique pas à propos de l'argent, cela engendre toujours de la méfiance. Une femme m'a raconté qu'elle avait appris après son mariage que son mari avait 100 000 euros de dettes. Se taire sur sa situation financière est un abus de confiance.

Naturellement, l'abbaye a subi, elle aussi, des pertes à cause de la crise financière ; mais ce sont avant tout des pertes comptables. Les placements d'argent ont moins de valeur. J'espère que l'équilibre sera retrouvé d'ici trois ans. Mais pour le moment nous avons moins de rentrées, moins d'intérêts. Et la perte de valeur doit être comblée. Cela n'est pas dramatique, mais nous constatons que nous devons renforcer les deux autres piliers : celui de l'épargne et celui de la production. Nous ne pouvons pas nous reposer sur le troisième pilier.

Lorsque le père abbé de l'époque me demanda, peu après mon doctorat, de devenir cellérier, je ne fus pas du tout enthousiaste : j'avais peur que les tâches purement internes au monastère m'accaparent trop et m'empêchent d'avoir des activités extérieures. Aujourd'hui, je suis le cellérier ayant le plus d'ancienneté de tous les couvents de notre congrégation, et ce qui me fascine le plus dans cette tâche est que le rapport avec les collaborateurs, avec les frères moines et avec l'argent a quelque chose de secret. La façon dont on le vit et la qualité que je crée est aussi un chemin important ; et en ce sens, être cellérier est aussi une tâche spirituelle. Dans le travail d'administration, j'apprécie également l'aspect concret. Là je ne peux pas briller, je dois travailler très rationnellement, manier les chiffres raisonnablement et mener des discussions spécialisées avec les responsables des entreprises artisanales et avec les frères moines. Je fais chaque mois des réunions de chantier et bien d'autres réunions encore sur des problèmes concrets. Étant le « chef », je fais moi-même les comptes rendus ; mais je ne m'estime pas assez bon pour les taper pour les ouvriers. Il ne faut pas qu'ils me voient comme supérieur à eux, mais comme l'un d'entre eux. Ils l'apprécient et prennent en considération la compétence que j'apporte. Initialement, je n'avais aucune idée de l'artisanat, mais j'ai toujours bien écouté et essayé de juger comme je le sentais. Il est important pour moi d'avoir les pieds sur terre et de ne pas me démarquer. C'est pourquoi il serait dangereux que je me définisse en fonction de la réussite ; car alors je stagnerais intérieurement.

Je suis content d'avoir trouvé un bon moyen qui me permette de régler le travail de gestion le matin et de réserver du temps l'après-midi pour les entretiens, les cours et les conférences.

2
L'auteur

FAIRE des conférences et écrire ne me fatigue pas. C'est la simple expression de ce qui est en moi. J'ai surmonté la crispation du « je-dois-tout-faire-particulièrement-bien », du moins je le crois. En attendant, je suis très serein car je ne dois plus faire mes preuves devant qui que ce soit. Lorsque je fais une conférence, je cours parfois le risque de voir les gens me porter aux nues et penser que je suis déjà totalement à ma place et au-dessus de tout. Or, si je me définissais à partir de l'admiration d'autrui, cela ne me ferait sûrement pas de bien. Je me contente de dire ce que j'ai à dire, essayant de ne jamais me présenter comme celui qui contrôle tout, mais comme quelqu'un qui est, lui aussi, en chemin comme tout un chacun. Quelquefois je constate douloureusement que je ne peux réaliser moi-même ce que j'ai écrit. Mais je n'écris jamais sur deux registres, au sens où je décrirais un monde saint et prétendrais que ma vie le serait. J'essaie toujours de relier ma vie à ce que j'écris et expose oralement. Malgré tout, je commets parfois des erreurs, je ressens des blessures ou de la susceptibilité ; et je me dis : « Tu as décrit de façon magnifique comment on peut gérer de telles situations, mais à présent cela te concerne directement. » Tout cela me rend un peu plus humble, plus modeste.

L'écriture et la vie

Je commence toujours par écrire pour moi-même, afin de trouver un moyen de gérer mes blessures et mes émotions. Et j'écris pour des hommes concrets. En écrivant, j'ai constamment des êtres humains réels devant les yeux, des personnes qui m'ont posé une question pour laquelle elles cherchent une réponse. Parfois, la réponse que je leur ai donnée en entretien ou lors d'une conférence n'était pas satisfaisante. Ce peut être un déclencheur pour développer par écrit une réponse qui soit plus claire pour moi et pour ceux qui s'interrogent et qui les aidera à mieux s'en sortir dans leur vie.

J'écris six heures par semaine. Je le fais notamment le mardi et le jeudi matin entre six et huit heures. Je me réjouis toujours de ce temps ; et ainsi je suis déjà prêt intérieurement à écrire quand je regagne ma cellule depuis mâtines. J'écris souvent aussi le dimanche après-midi. Quelquefois, nous avons plus de temps le dimanche, de sorte que j'ai plus de six heures, mais sinon c'est un temps régulier. Cette année, j'ai eu un peu plus de temps pour écrire pendant la semaine sainte, ce que j'ai beaucoup apprécié. Bien que, durant la semaine sainte, je n'aie jamais eu toute une matinée de libre – mais une fois deux heures, puis de nouveau une heure après les offices liturgiques –, j'ai pu tout de même terminer un livre.

Il y a quelques jours, nous étions en retraite. Je méditais le matin, l'après-midi était consacré à la promenade et le soir je pouvais prendre deux heures pour écrire. Ainsi j'ai pu écrire quelques articles de presse.

Avant de me mettre à écrire, j'ai souvent une première idée. Mais beaucoup me viennent seulement en écrivant. Je n'ai donc, en règle générale, aucun plan précis à l'avance. Je me familiarise bien avec un sujet, et puis j'essaie tout simplement de me mettre à écrire. Puis je continue à lire et à développer ; et si cela devient un livre, je le laisse reposer un peu et m'y remets plus tard.

Pendant mes études à Rome, je me suis constitué un fichier avec des citations et des sources de données. Je l'ai encore aujourd'hui, même si je ne m'en sers pratiquement plus. Je préfère consulter un dictionnaire et me laisser inspirer par son contenu ou par d'autres ouvrages. J'aime bien lire des ouvrages exégétiques, des commentaires bibliques, lorsqu'un passage m'intéresse particulièrement. La plupart du temps, je lis des livres de spiritualité sur les sujets que je suis en train de traiter.

Récemment, j'ai lu un texte de Joseph Ratzinger sur la christologie, qui m'a surtout intéressé parce que je devais écrire sur la semaine sainte et animer une méditation sur le jeudi saint et sur Pâques. J'aime bien lire Joseph Ratzinger, car il s'exprime souvent de façon très imagée. Sa théologie sur la liturgie ou sur la christologie développe des points de vue nouveaux. En théologie je l'estime beaucoup, mais dès qu'il aborde le domaine de la théologie morale, je le trouve moins compétent. Comme toujours, je plonge dans son livre *La Foi chrétienne hier et aujourd'hui*[1]. Il a une manière très douce et prudente d'interpréter le Credo. Il a vraiment du flair pour les questions de notre époque, et il essaie de donner une réponse aux problèmes d'aujourd'hui, en ouvrant les réponses de la Tradition à notre mode de pensée.

Je reviens toujours aussi aux Pères de l'Église que je médite. J'apprécie les textes anciens en raison de leur langage imagé. Un langage imagé est toujours ouvert sur quelque chose de nouveau. J'ai relu récemment Karl Rahner, lorsque je travaillais à un article. Sa manière de penser est toujours stimulante, mais aujourd'hui, je ne relirais pas tous les ouvrages de Rahner.

Je consulte assez souvent les articles du *Reallexicon von Antike und Christentum* (« Encyclopédie de l'Antiquité et du christianisme »), parce qu'ils comportent de bonnes introductions aux thèmes choisis. Je lis aussi des ouvrages de psychologie, lorsque quelque chose me concerne.

Généralement, je trouve le temps de lire tous les matins entre 7 h 10 et 8 heures, ainsi que le soir avant d'aller me coucher, lorsque je suis chez moi. Il n'y a que le mardi et le jeudi que je ne lis pas. Ces jours-là, j'écris.

De temps en temps, je vais à la bibliothèque, mais ces derniers temps j'y suis allé très peu, car je ne m'estime pas obligé de lire de nouvelles choses en permanence. Nous avons une grande bibliothèque au monastère – elle compte deux cent mille livres – qui m'offre assez de matière à lire.

---

1. Joseph Ratzinger, *La Foi chrétienne hier et aujourd'hui* (1968), Éd. du Cerf, 2005.

Je parcours aussi les revues, mais je constate que beaucoup d'articles ne m'intéressent plus. Ils ne contiennent pas grand-chose de nouveau pour moi.

Dans un tiroir spécial, je mets les sujets d'articles qu'on m'a demandé d'écrire. La plupart du temps, je reçois dans mon bureau des lettres et des courriels, dans lesquels on me pose des questions sur des articles ou des livres. Parfois, cela m'agace de ne pas pouvoir tout déplacer du bureau au tiroir. Il arrive que quelque chose se perde en route. Je reçois alors des rappels. Mais normalement, je suis toujours consciencieux et ponctuel.

Je n'aime pas écrire à la dernière minute, surtout un livre. Il faut que je commence suffisamment tôt et que j'observe comment cela se développe. Un article, comme pour l'hebdomadaire *Christ in der Gegenwart* (« Le Christ aujourd'hui »), je l'écris en général dès que j'en ai reçu la commande.

Pour moi, l'écriture est comme une méditation. Quand je lis deux ou trois heures, je m'endors toujours. Je ne peux lire concentré que trois quarts d'heure, mais écrire deux heures ne me fait absolument rien ; et je ne m'endors pas. L'écriture me maintient simplement plus éveillé que la lecture.

Les débuts

Mon premier livre fut ma thèse de doctorat sur la rédemption par la Croix, que j'ai terminée en 1974. Elle a été publiée en 1975 par notre maison d'édition Vier-Türme. Après avoir cherché de nouvelles impulsions pour notre cheminement spirituel chez C. G. Jung et dans la méditation zen, nous avons organisé en 1975 un colloque sur le thème « Prier au monastère ». Nous avons tenté de relier les expériences de la psychologie jungienne à celles des moines égyptiens du IVᵉ siècle, et avons invité des religieux et des psychologues. Le père Fidelis qui, je le rappelle, avait écrit sa thèse de doctorat sur l'obéissance chez Pacôme, m'a demandé de préparer quelque chose sur des sujets précis. Le premier qu'il me donna fut « La pureté du cœur ». J'ai alors fait des recherches sur le sujet du côté des premiers moines et surtout de Jean Cassien, qui a traduit et transmis, au IVᵉ siècle, la doctrine du monachisme oriental à destination du monde occidental. À l'époque, je préparais encore les conférences par écrit et j'envoyai cet exposé à la revue bénédictine *Héritage et Mission*, qui le publia. Kaffke, une toute petite maison d'édition – elle n'existe plus –, m'a alors demandé si elle pouvait publier la conférence sous forme de livre. J'ai donc étoffé un peu ma conférence. Et ce fut mon premier livre après ma thèse de doctorat.

Lors du colloque suivant, je devais parler de « L'humilité et l'expérience de Dieu » : conférence qui fut, elle aussi, imprimée comme livret par les éditions Kaffke. Au monastère, nous avons alors réfléchi que nous pourrions publier nous-mêmes les livrets, puisque nous avions, déjà à l'époque, notre propre maison d'édition.

Le troisième thème que je devais traiter pour notre colloque était « Prière et connaissance de soi ». Et nous l'avons publié dans notre propre maison d'édition. Ce fut le premier petit livre. Quelques frères moines étaient d'avis qu'avant de publier un livret, il fallait d'abord élaborer un concept pour toute la série. J'ai répondu que je n'attendrais pas que les frères aient trouvé un concept, mais que j'allais me mettre à écrire. Le premier livret fut donc publié sans numéro. Les choses sont allées très vite ensuite. L'objectif était alors de relier les expériences du monachisme primitif à la psychologie jungienne et de le développer en vue d'une spiritualité pour aujourd'hui. C'est pourquoi j'ai fourni de nombreuses citations et témoignages de la tradition, afin de montrer que ce n'étaient pas seulement nos idées, mais les pensées des premiers moines qui étaient mises en avant. Mais nous avons toujours observé leurs expériences à travers les lunettes de la psychologie jungienne. Et nous avons fini par remarquer que ce lien entre les expériences anciennes et la psychologie moderne interpellait beaucoup d'hommes et de femmes. Les gens comprenaient ces expériences. Les religieux furent les premiers à lire les premiers livrets. Le premier tirage de *Prière et Connaissance de soi* ne s'élevait qu'à deux mille exemplaires. Ce n'était pas encore un gros tirage, mais cela s'est ensuite développé à tel point qu'aujourd'hui la série « Livrets de Münsterschwarzach » est la plus importante en territoire germanophone. Ces livrets étaient la base de mes écrits. Puis arrivèrent des demandes des éditions Herder et Kreuz. Pour celles-ci, je n'ai pas écrit des livrets, mais des livres reliés et des livres de poche. Au total, j'ai écrit environ deux cent cinquante titres, traduits depuis en trente-deux langues. Le tirage total atteint à peu près seize millions d'exemplaires.

Un leitmotiv : l'espace intérieur

Une de mes idées favorites est celle touchant à l'espace intérieur du silence. Je l'ai trouvée dans la mystique et la psychologie transpersonnelle. Chaque type de mystique connaît cet espace intérieur. Déjà au IVe siècle, Évagre le Pontique parle de la demeure de Dieu en nous. Il l'appelle aussi Jérusalem, c'est-à-dire : point de vue de la paix. Au lieu qui lui est réservé en nous, Dieu demeure et nous entrons en contact avec notre vrai moi. Évagre dit que nous apercevons notre véritable moi comme un saphir bleu. D'autres mystiques désignent autrement cet espace : Catherine de Sienne parle de la cellule intérieure, Maître Eckhart parle de l'étincelle de l'âme, Jean Tauler du fond de l'âme, Thérèse d'Ávila de la chambre intérieure du château de l'âme. J'avais trouvé ces idées chez les mystiques, sans en avoir fait moi-même l'expérience. Ces idées m'ont fasciné. Et j'essayai de me les représenter à partir de ces idées. Finalement, je pus à mon tour faire l'expérience qu'un silence total s'était installé en moi, que je ne faisais plus qu'un avec le silence et avec Dieu dans cet espace intérieur.

J'ai alors retrouvé les expériences de la mystique dans le domaine de la psychologie transpersonnelle. Celle-ci parle de la « désidentification », partant du principe qu'un témoin caché en nous peut observer nos sentiments. Quand la colère monte, il existe en nous un point qui observe la colère sans en être infesté. Ce point correspond au moi spirituel. Et il correspond à l'espace de silence dont parle la mystique, l'espace où Dieu habite en nous. Ce lien entre le modèle de la psychologie transpersonnelle et celui de la mystique était important pour moi. Il m'apparut alors clairement que la mystique n'était pas une expérience entièrement étrangère, mais qu'elle correspondait à notre nature. Et c'est une expérience salutaire.

La mystique a sur nous un effet thérapeutique. Cette réflexion m'a aussi conduit éprouver cet espace intérieur. J'ai pu faire et refaire l'expérience de ce silence intérieur dans la méditation. J'étais un avec moi-même, et trouvais le repos intérieur dans ce silence. Beaucoup de personnes me demandent comment elles peuvent en faire elles-mêmes l'expérience. Je leur réponds que le seul fait de me représenter cet espace en moi m'aide déjà. Et cette représentation traverse toute la tradition spirituelle, à commencer par la Bible. Jésus parle des vendeurs qu'il a chassés du Temple, et c'est du temple de son corps qu'il est question (cf. Jean 2, 21). Par conséquent, nous sommes le temple et non la halle qui abrite les marchands et les changeurs bruyants. Souvent, il est vrai, nous sommes comme un marché couvert, habités par les pensées bruyantes des marchands. Les changeurs représentent les réflexions concernant la manière dont je suis négocié sur le marché public ou ma valeur au cours du jour. Dans le marché couvert se trouvent des bœufs, des moutons et des pigeons, ce qui est instinctif, superficiel et les pensées qui virevoltent comme des tourterelles. Le Christ veut entrer et habiter dans son temple. Lorsque nous expérimentons que nous sommes un temple, l'espace s'agrandit en nous. Nous respirons à pleins poumons. Nous nous sentons libres. Là où le Christ pénètre en nous est le royaume de Dieu. En saint Luc, il est dit : « Le royaume de Dieu est "en nous", *entos hemin* » (Luc 17,21). Au cours des dernières décennies,

les exégètes ont généralement traduit « parmi vous » ;
or *entos* signifie mot à mot « en vous ». Martin Luther
l'a bien traduit : le royaume de Dieu est « au-dedans
de vous ». Il connaissait l'expérience mystique que
Jésus évoque par cette parole, et l'a prise au sérieux.
Ce n'est pas seulement une phrase pieuse, mais je peux
en faire l'expérience ; en prenant cette parole et en
essayant d'en faire l'expérience, quelque chose permet
de relativiser. Je ne peux donc pas dire précisément
qu'il est ici ou qu'il est là. Je ne peux le localiser.
Pourtant, je sais ceci : lorsque j'écoute attentivement
en moi, je ne rencontre pas seulement mes émotions,
mon histoire personnelle, mes blessures, mais, en aval
de mes émotions, existe un espace où tout est calme.
Je ne peux m'y tenir en permanence, mais je peux
toujours me retirer et en faire l'expérience, ne serait-ce
que quelques secondes. Or à cet instant où je suis
libre, tout le reste devient relatif. Je peux constater
moi-même que mes peurs, mes soucis ne déterminent
pas toute ma personne, mais seulement mes émotions
et mes pensées.

Il existe un espace où je peux me retirer. Les peurs
et les soucis n'y ont pas accès, et cela est en quelque
sorte libérateur. Non que tout soit résolu, car je dois
aller dans le monde et m'occuper du problème, mais
simplement l'expérience de l'espace intérieur relativise mes problèmes. Cette image est importante pour
mon travail : certaines choses qui affluent en moi de
l'extérieur n'y pénètrent pas. Cela m'aide aussi dans
l'accompagnement, lorsque je parle aux gens. Je peux
m'ouvrir émotionnellement, tout en sachant qu'il est un
domaine auquel les autres n'ont pas accès. Beaucoup
me demandent comment je peux supporter d'entendre

autant de problèmes, car cela doit me peser. Mais j'essaie de m'ouvrir émotionnellement. Je n'ai pas peur que les problèmes des autres m'accaparent entièrement. J'écoute attentivement et me mets à la portée de l'autre. Mais je sais aussi qu'il y a une zone protégée à laquelle les problèmes des autres n'ont pas accès. Savoir cela me permet de m'ouvrir aux autres, sans que cela exige trop de moi. C'est donc pour moi une expérience très importante. Lorsque j'en parle, cela touche les gens. Je suscite aussi, évidemment, du scepticisme : « Oui, est-ce bien vrai ? » Ou bien : « Comment peut-on faire l'expérience de ce lieu ? » Il n'existe pas de truc pour en faire et refaire l'expérience, mais l'idée que je m'en fais me conduit à une expérience.

La psychologie parle du moi spirituel ou de l'observateur inobservé qui peut observer les émotions. Je peux observer mes émotions. Le point qui peut observer est indépendant de ce que j'observe. C'est donc aussi un point de vue anthropologique.

Écrire pour guérir

Je suis reconnaissant pour le succès et l'écho de mes livres, parce que je sens que les hommes aspirent à une spiritualité qui ne juge pas ni ne moralise, mais mène à une expérience chrétienne. Or pour moi, le succès n'est pas une tentation de faire du surplace, mais une obligation de continuer à chercher. Écrire des livres signifie pour moi ne jamais cesser d'être en recherche et me demander : « Qu'est-ce que cela signifie vraiment et comment puis-je le dire pour que cela soit vrai pour moi et que les hommes le comprennent ? » Bien sûr, j'en viens souvent à aborder les mêmes thèmes. Mon objectif est d'aborder les fêtes de l'année liturgique, le culte des saints et les questions d'ascèse dans un langage nouveau, pour que les hommes puissent dire : cela me concerne.

Telle est ma conviction : notre tradition chrétienne, catholique comme protestante, a quelque chose de salutaire, de thérapeutique qui fait du bien aux hommes. Et c'est mon ambition de montrer inlassablement que la spiritualité est bénéfique. Certains me reprochent de faire du christianisme quelque chose de facile ou de l'adoucir. Or, j'essaie de prendre aussi des thèmes comme la croix, la souffrance et la désespérance, et de ne pas faire miroiter un monde sans tache. Mais on peut aussi parler de la croix de différentes manières. Je peux en parler comme de quelque chose de menaçant : « Tu verras, Dieu est aussi plein de sévérité, il te chargera de la croix ! » Je peux donc faire peur et donner mauvaise conscience. Je peux aussi décrire la réalité telle qu'elle est : certains événements croisent notre route en cette vie, et nous ne le voulons pas. Il y a par exemple des maladies que l'on doit prendre sur soi comme une croix. Mais la croix est aussi un chemin de vie et non un poids qui menace et que nous devons regarder avec angoisse. Le message qui me paraît important est, plutôt que d'évoquer un monde indolore, de décrire la vie de manière à trouver en chaque situation l'espérance ou au moins un chemin qui permettra de ne pas désespérer.

Le « best-seller »

Le succès de mon *Petit Traité de spiritualité au quo-tidien*[1], qui s'est vendu – en Allemagne seulement – à plus de un million d'exemplaires, m'a étonné. À vrai dire, ce n'est pas un livre sur les anges, mais sur les vertus, dans lequel je décris cinquante attitudes qui donnent à l'homme un soutien. Et je relie chaque attitude à l'image d'un ange. La question qui se pose est : « Qu'est-ce que l'image de l'ange a à voir ici ? » Elle illustre simplement le fait que la vertu n'est pas à considérer d'un seul point de vue ascétique et moral, comme quelque chose que je dois faire surgir en moi, avec beaucoup d'énergie. L'ange incarne bien plutôt la grâce. Un ange m'introduit dans l'art de l'allégresse, dans l'art de la réconciliation ou dans l'attitude de l'amour, dans celle de la douceur et de la compassion. Ce sont donc des aspirations qui sont évoquées. Ce sont des paroles d'anges qui touchent au sentiment religieux, mais pas encore si proprement chrétien que l'on doive adhérer sans réserves au christianisme tout entier. Une autre aspiration évoquée dans ce même ouvrage est celle de la quête du sens et d'une attitude qui puisse être un soutien dans la vie. Pour beaucoup, l'ange n'est pas tellement décisif. Ils tombent sur l'« ange de la compassion » ou l'« ange du risque » ; et tout à coup, celui-ci provoque quelque chose en eux. On peut dire qu'ils ont un rapport ludique avec l'ange et avec la vie. Dans mon cours, je fais parfois tirer des cartes où figurent des anges, sur lesquelles j'ai écrit les

1. *Petit Traité de spiritualité au quotidien* (en allemand : *50 Engel für das Jahr*, Herder, 1997), Albin Michel, 1998.

différentes attitudes. Il est étonnant de constater que les gens reçoivent comme une promesse de l'extérieur. Ils ont l'impression d'avoir tiré exactement l'ange dont ils avaient besoin. Et ils repartent avec l'« ange de la réconciliation », avec l'« ange de la douceur », avec l'« ange de la patience ». Et leur journée est différente. Ils ne repartent pas avec l'exhortation morale d'être patients ce jour-là. Ils ont plutôt l'impression que l'ange de la patience les aide aujourd'hui à réagir avec plus de patience vis-à-vis du monde qui les entoure ou d'eux-mêmes.

Mes thématiques

Je connais quelques professeurs de théologie qui apprécient mes livres, mais il y a aussi des envieux, parce qu'on n'achète pas autant leurs propres ouvrages que les miens. C'est pourquoi ils tendent à dire que ce que j'écris n'est pas scientifique. Cependant, la critique est plutôt rare.

J'écris divers types de livres, dont certains qui aident à vivre et des petits livres qui abordent différents thèmes apparentés. Mais ils ne représentent pas la majorité de mes écrits. En outre, il y a par exemple l'interprétation des quatre Évangiles[1] ou l'ouvrage *Rédemption. Sa signification dans notre vie*[2]. Sur les Évangiles, j'ai lu beaucoup de littérature exégétique. Concernant l'évangile de Matthieu, par exemple, j'ai lu les trois

---

1. *Jésus. Le maître du salut*, Bayard, 2003 ; *Jésus. La porte de la vie*, Bayard, 2003 ; *Jésus. Le chemin de la liberté*, Bayard, 2003 ; *Jésus. L'image de l'homme*, Bayard, 2004.
2. *Erlösung. Ihre Bedeutung in unserem Leben*, Kreuz, 2004.

tomes d'Ulrich Luz, soit environ mille cinq cents pages et les commentaires de Walter Grundmann, Joachim Gnilka et Eduard Schweizer. Pour ce livre, je me suis penché aussi sur la théologie scientifique. Lorsque j'ai écrit le livre sur saint Paul[1], j'ai lu la littérature exégétique sur Paul. Ces ouvrages sont très sérieux, mais aussi souvent fort arides.

Aucun ouvrage ne me laisse complètement satisfait, mais je suis plutôt fier de mon étude des quatre Évangiles. Je les consulte parfois moi-même, quand j'étudie un texte biblique, et je pense avoir montré un chemin à beaucoup. *Trouve le chemin de ta vie*[2] a été un livre important pour moi, tout comme *Transforme ta peur*[3]. La thérapie spirituelle, pour laquelle je prends la psychologie au sérieux, sans pour autant m'en tenir à celle-ci, mais en m'inspirant de l'écriture de la Bible, est pour moi très importante. Récemment, j'ai reçu une lettre d'un Hollandais qui a lu mon livre sur la dépression[4]. J'y avais aussi travaillé ce thème à partir de la Bible. Il écrivait que ce livre l'avait beaucoup aidé et lui avait apporté une libération intérieure. Une lettre comme celle-là me donne de la joie.

Or il se trouve qu'un théologien catholique, spécialiste de Jean de la Croix, s'est ému de ce livre, qui ne serait pas assez précis. J'ai écrit un chapitre sur *La Nuit obscure* de Jean de la Croix en montrant que la nuit obscure était une purification de l'âme. De même, la dépression pouvait être un défi pour

---

1. *Paulus. Umstritten und missverstanden* (« Paul, contesté et incompris »), Kreuz, 2007.
2. *Finde deine Lebensspur*, Herder, 2004.
3. *Verwandle deine Angst*, Herder, 2008.
4. *Wege durch die Depression*, Herder, 2008.

purifier le psychisme ou l'image de soi. Cette analogie l'a dérangé et il m'a reproché de ne pas avoir compris Jean de la Croix.

Naturellement, je suis sceptique lorsque quelqu'un a une dépression et ne la déplore pas, disant : « Je suis dans une nuit obscure », et la sublimant par la religion. Une telle attitude ne lui permet pas de faire face à sa dépression. Mais par ailleurs, il y a sûrement des phases aussi, sur le chemin spirituel, où l'on entre dans des états de mélancolie ou d'accablement. Dans cette situation, il est décisif que ces états ne rendent pas malade, mais rapprochent de Dieu, qu'ils soient donc une purification de l'image de Dieu. Il y a une grande différence, même si les phénomènes sont parfois semblables.

Il est souvent difficile de discerner si quelqu'un a une dépression ou s'il est dans une « nuit obscure ». Je commence de la même façon dans les deux cas, en posant la question : Quel sens cela a-t-il ? La « nuit obscure » signifie que mon image de Dieu est purifiée, que je suis libéré de mes projections ; et le sens de la dépression est aussi qu'elle peut me purifier des images que je me fais de moi-même. Parfois, la dépression est un appel à l'aide de l'âme contre de trop grandes exigences envers soi-même, parce que nous pensons devoir toujours tout positiver, toujours rebondir et être parfait. Que nous parvenions à reconnaître cela dans la dépression peut beaucoup nous aider.

Erik Erikson a observé que le déclencheur d'une dépression n'est pas toujours nécessairement un problème personnel mais peut être un problème lié à notre époque. Ainsi, Martin Luther a pris conscience des ombres refoulées de son époque et en a souffert.

Les personnes dépressives sont souvent des êtres très sensibles, qui absorbent quelque chose qui ne va pas dans leur environnement et en souffrent dans tout leur être.

Le sentiment que, dans ma dépression, je souffre pour les autres aussi, peut contribuer à assainir l'atmosphère et constituer une aide pour m'en sortir. Beaucoup de personnes dépressives se condamnent elles-mêmes. Elles pensent que c'est leur faute si elles sont déprimées. Il est décisif que je découvre un sens à ma dépression, car alors seulement je peux la gérer autrement. Chacun doit trouver sa propre interprétation : je peux l'interpréter de façon à pénétrer une réalité plus profonde. Et déjà, cette interprétation transforme la dépression. Ou bien je vois dans ma dépression une invitation à me séparer de l'image embellie que j'ai de moi-même.

J'ai accompagné un prêtre qui souffrait de surmenage parce qu'il avait énormément travaillé. Il pensait pouvoir au bout de six mois reprendre sa fonction et continuer exactement comme auparavant. Mais au bout de deux heures, il était de nouveau complètement épuisé. Je lui ai dit : « La dépression veut vous dire que vous ne pouvez plus maintenir votre ancien mode de vie. Vous devez prendre conscience de vos limites. Vous pouvez continuer à travailler, mais après deux heures, vous vous accordez une demi-heure de pause. Puis vous reprenez votre tâche à votre rythme. Jusqu'ici vous n'avez pas tenu compte de votre propre rythme. » Une dépression peut donc protéger d'un infarctus, par exemple ; c'est pour moi essentiel d'en tenir compte pour gérer les émotions comme la peur, la dépression, la susceptibilité, l'irascibilité, la jalousie, l'envie, etc.

Nous ne devrions pas chercher à simplement nous en libérer par une thérapie, mais nous y confronter intensément, car les émotions nous invitent toujours à trouver la juste mesure pour notre propre vie.

Écrire par empathie

Je n'ai jamais connu le monde totalement extérieur, ayant toujours vécu au sein de ma famille, puis au pensionnat et dans un monastère. Si j'ai été ailleurs au cours de mes voyages, je ne suis jamais resté longtemps seul. Je n'ai pas non plus besoin de vivre la vie des autres à l'essai. Je comprends le monde lors de mes nombreux entretiens et j'essaie de me mettre dans la peau de l'autre. Le fait que les gens lisent mes livres montre qu'ils se sentent compris. Je reçois de nombreux courriers avec des questions faisant écho à mes cours ou à des entretiens. Là je rencontre le monde et j'essaie simplement de le voir tel qu'il est.

Naturellement, je n'ai jamais vécu la vie de quelqu'un qui travaille dans une grande entreprise et qui se trouve constamment sous pression. Je ne peux saisir cet aspect que dans la rencontre et essayer de me mettre à sa place. Mais je ne crois pas qu'il faille tout avoir vécu pour pouvoir comprendre. Cependant, je n'aurais sûrement pas écrit tous ces livres si je n'avais pas moi-même traversé des crises, des doutes et affronté la tristesse. Entre 27 et 35 ans surtout, j'ai vécu une période où j'ai beaucoup lutté avec moi-même. Je ne peux pas dire que j'ai souffert de dépression ou de désespoir total, mais j'ai vraiment dû regarder en face les abysses de mon âme. Cela a certainement ouvert une brèche dans

ma vie et l'a rendue féconde, de sorte que mes écrits
ne sont pas tellement éloignés des gens, qu'ils les
comprennent. J'écris toujours aussi pour moi-même,
et je m'autorise et m'encourage à faire face à ce qui
me déstabilise. Ainsi mes livres expriment à la fois
l'expérience d'une crise personnelle et la sensibilité
aux problèmes des autres.

Les projets qui me tiennent à cœur

Prenons d'abord l'ouvrage écrit avec Jörg Zink sur
l'œcuménisme, *La Vérité fait de nous des amis*[1]. Il m'importe que nous parlions de la foi sans crainte et sans
supériorité. J'espère que les choses vont bouger un
peu. Il se peut que Jörg et moi soyons attaqués des
deux côtés pour ce que nous avons écrit. Or nous ne
prétendons pas en savoir plus que les autres, mais
parlons à partir de notre expérience personnelle.

L'autre objectif qui me motive depuis longtemps est
– mais là je n'ai pas encore trouvé l'expression juste – ce
caractère chrétien ostensible. Comment pouvons-nous
en tant que chrétiens apporter une réponse authentique
aux différentes religions et comment pouvons-nous parler dans ce monde globalisé de notre foi avec confiance
en nous ? J'ai tenté de le faire dans mon ouvrage *La
Foi des chrétiens*[2]. J'aimerais creuser la question de la
« personnalité » de Dieu et du rapport interpersonnel
dans la rencontre avec les hommes, la question du
rapport entre personnes mis en avant par notre culture

---

1. Anselm Grün et Jörg Zink, *Die Wahrheit macht uns zu Freunden*,
Kreuz, 2009.
2. *La Foi des chrétiens* (2006), Desclée de Brouwer, 2008.

chrétienne. Et j'aimerais réfléchir de façon nouvelle à
la relation entre image de soi et image de Dieu. Voilà
qui serait du plus grand intérêt non seulement pour
le rapport entre psychothérapie et spiritualité, mais
aussi pour le dialogue interreligieux.

3

Le conférencier

GÉNÉRALEMENT, je donne des conférences sur des thèmes que j'ai déjà traités dans mes livres. La première fois que je fais une conférence sur un livre, c'est un peu plus laborieux, parce que je dois réfléchir aux points forts que je veux mettre avant et au fil conducteur que je souhaite suivre. Je n'emporte plus de manuscrit lorsque je donne une conférence. Mais certaines conférences, pour des médecins ou lors de congrès thérapeutiques, exigent un thème bien particulier. Il me faut alors retravailler le sujet et j'ai besoin d'un support écrit pour donner ma conférence. Comme je n'aime pas lire mon papier, j'essaie de parler librement, du moins un minimum.

Conférences dans les pays germanophones

Ces vingt dernières années, je n'ai vraiment oublié qu'une seule conférence. Je revenais tout juste de Pologne le matin et je devais parler le soir même. En outre, ma sœur me rendait visite. Habituellement, je prends toujours connaissance de mes rendez-vous dans mon agenda une semaine avant, mais en tout cas cette conférence m'a échappé.

Le pire m'est arrivé un jour à Friedrichshafen. J'avais passé toute la journée à la télévision bavaroise pour l'émission « Promenade des crêtes », et je devais me rendre ensuite au bord du lac de Constance. Je pensais que la manifestation commençait à 20 heures ; or le rendez-vous était à 19 h 30. Je suis donc arrivé sans mauvaise conscience une demi-heure plus tard, et lorsque l'organisateur introduisit le sujet, je remarquai qu'il parlait de tout autre chose que ce que j'avais préparé. Je dus alors modifier en hâte mon exposé. Je ne fus évidemment pas entièrement satisfait de la soirée.

Une fois, je dus aussi rebrousser chemin, ayant passé trop de temps dans les bouchons. J'ai pensé : je ne vais pas m'imposer ça, car avec le retour de nuit j'aurais passé dix heures sur la route sous la pluie. Les organisateurs l'ont bien trouvé un peu saumâtre : en effet, six cents personnes étaient assises dans l'église à m'attendre. Mais sinon, j'arrive à respecter les horaires.

Une secrétaire à mi-temps s'occupe de mes rendez-vous. Elle met toutes les demandes dans un classeur, et en janvier je le passe en revue pour voir ce que je peux ou ce que je veux accepter. Toutefois, je conviens des rendez-vous moi-même par téléphone. La secrétaire expédie les réponses positives par écrit et demande toujours à l'avance s'il y a un parking à disposition, car cela m'agace beaucoup, lorsque je me rends quelque part, de devoir tourner sans trouver où me garer nulle part. C'est aussi une marque de correction de l'organisateur de réserver une place de parking. Pour trouver l'adresse, j'ai un GPS et c'est fort bien, mais récemment j'étais à Berlin et il a complètement déraillé ! Dieu merci, j'avais aussi un plan de la ville avec moi, sinon je ne serais jamais arrivé à destination. Après la conférence, je suis reparti « chez moi ». Et je suis rentré à deux heures et demie du matin. Je n'ai pas peur de m'endormir au volant. Soit je médite, soit j'écoute de la belle musique tout au long de la route.

J'ai pour règle de donner mes conférences dans un rayon de 350 kilomètres seulement, pour rentrer au plus tard à 1 h 30 et pouvoir dormir jusqu'à 5 h 30, soit quatre heures minimum de sommeil – moins, je refuse. Mais quatre heures de sommeil ne me suffisent pas à la longue, je ne tiens pas le coup. Une fois par semaine, passe encore, mais pas davantage. Je veille alors à faire une demi-heure de sieste ou, si je suis très fatigué, vingt minutes encore avant les vêpres.

Je me couche généralement à 22 heures et je peux dormir jusqu'à 4 h 40, soit six heures et demie, plus une demi-heure de sieste, soit de six heures et demie à sept heures. Mais lorsque je donne une conférence et que je reviens très tard, je ne me lève qu'à 5 h 45, pour pouvoir concélébrer l'eucharistie à l'église.

Je suis toujours touché de l'écho que suscitent mes conférences. Spontanément, je me souviens de deux d'entre elles, où j'ai pu m'exprimer de façon très personnelle malgré plusieurs centaines d'auditeurs. L'une concernait les rituels, et je la donnai près de Göppingen ; l'autre avait pour thème « Transforme ta peur », et se tint à Bad Aibling. Là, après la conférence, de nombreux auditeurs ont parlé ouvertement de leur peur devant environ cinq cents personnes. Dans ces moments-là, j'ai le sentiment que c'est vrai ; les gens prennent confiance, parlent de leurs propres expériences et se sentent reconnus. J'essaie évidemment toujours de rejoindre les personnes.

En règle générale, je conclus chaque conférence par un rituel du soir commun, un geste : nous croisons les mains sur la poitrine et refermons pour ainsi dire la porte sur l'espace intérieur du silence. Aussitôt, toutes les personnes dans la salle gardent un silence total pendant deux minutes. À la qualité du silence, je remarque si les personnes entrent consciemment dans le silence. Il est surprenant que dans les milieux typiquement ecclésiaux, dans certaines paroisses, par exemple, c'est pendant le silence que l'on tousse le plus, alors que dans des milieux purement laïcs règne souvent un silence absolu. Je ressens alors le besoin et la profonde aspiration des hommes au silence. Il leur fait du bien. Certains chrétiens pratiquants au sens classique du terme connaissent bien le silence, mais ne savent par quel bout le prendre. Ils sont plutôt déstabilisés et se mettent à tousser. Ce n'est pas une toux par refroidissement, mais un signe de rébellion intérieure.

Il se trouve toujours des auditeurs pour se montrer ouvertement agressifs à mon égard. Il y a quelque temps, une personne m'a soudain invectivé, lors d'une conférence sur les anges. Le thème de l'exposé était « Chaque homme a son ange », et j'évoquais les histoires d'anges rapportées dans la Bible, que j'interprétais pour nous aujourd'hui. Le point fort portait sur des passages du Nouveau Testament où l'on parle des anges. Dans les Évangiles, la vie de Jésus est accompagnée par les anges : sa naissance, le début de sa Passion au mont des Oliviers, sa mort et sa résurrection. Tout à coup, quelqu'un a dit, sur un ton très agressif : « Vous n'avez absolument rien dit de Jésus-Christ. Nous ne sommes sauvés que par son sang. » Je fus d'abord un peu indigné. J'ai finalement répondu très calmement : « Je pourrais volontiers faire maintenant une conférence sur Jésus-Christ, mais le thème de la conférence n'était pas celui-là. » Certaines personnes, dans les idées qu'elles se font du christianisme, se focalisent tellement sur la mort de Jésus qu'elles en viendraient à nier tout le reste de la Bible. Or la Bible parle très souvent des anges. Et nous ne devons pas être plus bibliques que la Bible ! L'étroitesse de pensée m'effraie toujours ; je me demande souvent ce qu'elle cache. Celui qui aborde la foi avec peur ne fait pas l'expérience d'une foi libératrice à laquelle Jésus nous a encouragés. Naturellement, les anges ne sont pas le thème central du christianisme. Au centre se tient Jésus-Christ, et pas seulement sa mort, justement, mais davantage encore sa résurrection. Jésus non seulement rédempteur, mais aussi guérisseur et maître de la sagesse. Et comme maître de la sagesse, il parle des anges. Pour autant, je ne veux obliger personne à croire aux anges. Je veux seulement proclamer la Bonne Nouvelle de la Bible dans un langage que l'on puisse accueillir. Et pour beaucoup, les histoires d'anges dans la Bible sont des histoires salutaires : à partir de ces récits, ils font l'expérience de l'ange, qui les conduit au cœur du désert de leur existence vers la fontaine de Vie.

Je me réjouis que beaucoup d'hommes et de femmes qui ne sont guère chrétiens viennent m'écouter lorsque je donne mes conférences. C'est le cas par exemple en Allemagne de l'Est. Un jour, un communiste est venu vers moi les larmes aux yeux me dire que mes paroles l'avaient beaucoup touché. Ainsi des personnes qui ne sont pas dans l'Église sentent aussi que ce message repose sur une expérience humaine. Beaucoup viennent aussi du monde de l'ésotérisme, où ils ont cherché leur voie spirituelle. Et s'ils retrouvent dans le christianisme un message qui les interpelle et répond à leurs aspirations, je m'en réjouis. Je considère que ma tâche primordiale est de transmettre à ceux qui sont en recherche spirituelle la richesse du message chrétien et de la tradition chrétienne. Mais qu'ils soient si nombreux à chercher dans d'autres religions, en particulier dans le bouddhisme, m'attriste parfois. C'est pourquoi j'estime qu'il est de mon devoir de proclamer le message chrétien dans un langage ouvert aux autres religions, ouvert aussi à l'ésotérisme, sans tout mélanger pour autant. Certains me reprochent de donner dans l'ésotérisme ou d'être influencé par les religions orientales. Cependant, je veux seulement exprimer le message chrétien avec suffisamment d'ouverture pour que même des personnes versées dans l'ésotérisme ou qui cherchent une voie spirituelle dans le bouddhisme ou l'hindouisme en perçoivent quelque chose. Évidemment, on peut aussi chercher à interpréter mes paroles dans un sens ésotérique, je ne peux pas toujours éviter cela. Mais ce qui me tient à cœur, c'est de faire connaître le message chrétien dans un langage compréhensible par un maximum de personnes.

Expériences à l'étranger

Autrefois, lorsque je parlais en Pologne, en République tchèque ou en Slovaquie, j'étais étonné de constater que, à la fin de mes conférences, le thème du mal, du péché et du démon émergeait souvent. Les questions étaient plutôt angoissées, laissant conclure à une attitude foncièrement pessimiste. Depuis, je me suis rendu fréquemment dans ces pays et j'ai constaté que les questions avaient changé. Même là-bas, elles ne tournent plus maintenant autour du mal, mais autour de questions comme les blessures d'enfance, les problèmes relationnels, les angoisses et la dépression. Ce sont donc des questions existentielles, tout comme en Allemagne. À présent, je me sens beaucoup plus proche des gens là-bas. Je leur parle exactement comme avec les personnes qui viennent à mes conférences en Allemagne. Et je ressens une grande reconnaissance pour le fait qu'ils écoutent le moine allemand que je suis, alors qu'ils ont tellement souffert des Allemands.

Savoir que des hommes et des femmes dans des pays comme l'Argentine, le Brésil et le Mexique comprennent ma pensée m'a également beaucoup touché. Chez eux aussi, les problèmes sont les mêmes : problèmes relationnels, problèmes d'angoisse et d'insécurité, questions du sens de la vie et du rapport aux blessures et aux offenses. Je suis déjà allé deux fois dans chacun de ces pays. Je suis allé aussi en Corée et à Taïwan. C'est une tout autre culture, mais là aussi j'ai senti qu'ils comprenaient mon langage, et les questions qu'ils me posaient ne m'étaient pas inconnues. En Corée, j'ai donné des conférences, et l'on pouvait me poser des questions pendant les pauses. Ce fut une montagne de questions, et je n'ai pu répondre qu'à quelques-unes d'entre elles. Or leurs questions montraient que les gens me comprenaient et que nous parlions le même langage, malgré les interprètes et les différences de cultures.

Échos

Je ressens toujours de la joie lorsque je rencontre des personnes qui me racontent qu'elles ont pu revivre grâce à un livre ou une conférence que j'ai faite ou grâce à un échange. J'ai ressenti de l'allégresse lors de messes avec des jeunes, après lesquelles nous avons dansé la vie et laissé éclater la joie. Mais quelquefois, ce sont aussi dans les moments de silence total, où je suis en accord avec moi-même, que je suis heureux.

Le bonheur est un grand mot. Je rends grâce pour ma vie et je suis très souvent heureux. Mais le bonheur n'est pas une chose à laquelle on peut s'accrocher. Je ne peux pas me promener en permanence avec un sourire heureux. Je rends grâce pour ma vie parce qu'elle est devenue féconde. En ce sens, je suis heureux.

Les réactions, au sein de ma communauté monastique, vis-à-vis de mes succès de conférencier et d'auteur sont le respect et la gratitude. Ne serait-ce que parce que cela est bénéfique à ma communauté. L'abbaye est connue grâce à moi. Financièrement, cela rapporte aussi quelque chose au monastère, ce dont les frères moines sont reconnaissants. J'imagine bien que certains ressentent parfois au fond de leur cœur un peu de jalousie et d'envie, mais ils ne me manifestent pas ces sentiments. Beaucoup de frères moines lisent d'ailleurs mes livres ; beaucoup pensent à peu près comme moi et s'inspirent de mes idées. Ainsi je crois avoir marqué le mode de pensée de beaucoup de frères avec mes ouvrages.

Le travail auprès des jeunes

J'ai toujours beaucoup aimé m'engager dans le travail auprès des jeunes. Je l'ai fait durant vingt-cinq ans. J'ai maintenant 64 ans[1] et j'ai cessé de donner des cours aux jeunes, organisés par l'abbaye. Mais je vais sur la piazza presque à chaque cours. C'est un lieu où les adolescents rencontrent les moines, et je remarque que je comprends les jeunes comme avant ; mais surtout, que je les aime comme avant. Sans amour, on ne peut se comprendre.

De 1974 à 1999, j'ai fait des cours aux lycéens, auxquels participaient deux cent cinquante jeunes. Aujourd'hui, ils ne sont plus que quarante ou cinquante, nettement moins par conséquent. Mais ceux qui viennent sont très ouverts, et j'ai de bons échanges avec eux. Je constate aussi qu'ils sont prêts à s'intéresser à mes idées. Dans les années 1980 et 1990, il était encore plus facile de travailler avec les jeunes ; car ils étaient nombreux à être vraiment en recherche spirituellement. Aujourd'hui, il existe tellement de propositions diverses que beaucoup de ceux qui sont engagés dans l'Église se sentent laissés-pour-compte, parce qu'ils sont les seuls dans leur entourage à aller encore à l'église. Mais l'aspiration à une expérience spirituelle est toujours présente chez les jeunes. Parfois, je discute avec des classes et je sens chez les élèves une grande ouverture. Mais il serait important de pouvoir les conduire à faire des expériences spirituelles, pour qu'ils puissent dire : « Cela m'aide à gérer mes incertitudes, mes angoisses et mes peurs de m'engager. »

---

1. En 2009, soit 69 ans au moment où paraît cette traduction.

Au Brésil, on m'a demandé d'écrire quelque chose sur la transmission de la foi aux jeunes. J'ai d'abord répondu que c'était le rôle de leurs propres directeurs spirituels, bien plus proches de la jeunesse brésilienne que moi, mais ils ont absolument voulu que j'écrive quelque chose sur ce sujet. J'ai donc écrit ce qui me paraissait important, seulement pour le Brésil, et j'espère que ce texte parlera aux jeunes. Lorsque je parle avec des jeunes, je ne souhaite utiliser ni le langage des textos ni un langage qui me mettrait à leur portée. Cela ne convient pas. Je me réjouis que des jeunes lisent aussi mes livres – pas le « gros de la troupe », mais certains jeunes, néanmoins. Je reçois des lettres d'élèves qui ont lu quelque chose de moi, ou de bacheliers ou d'élèves de seconde, dont l'un, par exemple, doit faire un exposé sur mes livres. Je leur réponds toujours. Je suis content que ma pensée les fasse réfléchir et qu'ils la comprennent.

J'ai donc longtemps travaillé directement avec les jeunes, mais la manière dont j'abordais cette tâche ne peut probablement pas continuer aujourd'hui. Je me demande parfois quel langage je dois choisir pour m'adresser à ces jeunes, même si j'en vois souvent suivre mes conférences ou participer aux messes. Récemment, un garçon de 10 ans est venu me voir et m'a demandé si je pouvais le bénir. Cela interpelle donc les enfants aussi. Mais je n'ai pas le langage qui convient pour m'adresser aux enfants et aux adolescents. Je m'interroge : de quoi ont besoin les jeunes aujourd'hui ? Qu'est-ce qui les aide à vivre, qu'est-ce qui les aide à croire ? De mon temps – je pense à la génération 1970-1980 –, les jeunes étaient critiques envers l'Église, ils voulaient une Église nouvelle, plus vivante. Aujourd'hui, beaucoup de jeunes n'ont absolument plus aucun lien avec l'Église et ont besoin d'orientations totalement nouvelles. Ils ont besoin que tout soit clair, probablement aussi plus précis, et tout l'art consiste pour moi à parler un langage clair sans être étriqué. Faut-il se contenter d'une position conservatrice et étroite pour que tout soit clair ? Mais cela fait souvent fuir les jeunes fragiles et cela ne les aide pas. Comment pouvons-nous les soutenir dans la clarté et la liberté ? Cette tension entre clarté et ouverture, exigence et liberté, tel est le nouveau défi. Je n'ai pas de solution toute faite et je ne pense pas non plus que je vais la trouver. Mais ce devrait être notre mission pour aujourd'hui.

4

Le Centre de récollection

A VEC Wunibald Müller, j'ai créé le Centre de récollection, une maison pour prêtres et religieux en situations de crise. Monsieur Müller, à la fois psychologue et théologien, était employé à Fribourg comme conseiller des prêtres. Il vint me trouver en 1989 et me demanda si nous pourrions fonder une maison spirituelle et thérapeutique pour prêtres et religieux. Il avait vu une institution de ce type en Amérique, où existent les Houses of Affirmation, c'est-à-dire des maisons où prêtres et religieux peuvent rester quelques mois pour se reconstruire intérieurement. Il avait fait l'expérience que l'accompagnement individuel d'un prêtre ou d'un pasteur est souvent inefficace, parce qu'il revient toujours à son ancienne situation. C'est pourquoi une transformation se produit rarement. Wunibald Müller eut donc l'idée d'ouvrir une maison ici avec nous. Il connaissait depuis longtemps déjà l'abbaye de Münsterschwarzach, car il y avait été lui-même au pensionnat. J'ai évoqué son idée avec le père abbé qui a montré une oreille attentive. Il était d'avis que la conférence des évêques devait prendre elle-même en main une telle entreprise, mais elle ne le souhaitait pas. Il fallut alors deux ans encore pour prendre une décision définitive et, en fin de compte, nous avons pris ce projet en mains. Les trois diocèses de Wurtzbourg, Fribourg et Rottenburg nous ont soutenus dès notre demande, et ceux de Mayence et de Limbourg demandèrent d'eux-mêmes à y participer en tant que diocèses porteurs du projet. C'est ainsi que nous pûmes ouvrir la maison des retraitants en 1991. Nous dirigeons cette maison depuis deux décennies maintenant et y faisons de très bonnes expériences. En règle générale, dix-huit hommes et femmes résident chez nous ; ce sont des prêtres, des curés, des permanents d'Église, tels que les responsables de communautés ou les agents pastoraux, parfois aussi des pasteurs protestants, bien qu'il existe aussi une maison pour pasteurs protestants sur le Schwanberg, avec laquelle nous coopérons.

La plupart du temps, nos hôtes traversent des crises de vocation ou se sont retrouvés dans des situations conflictuelles dont ils n'arrivent pas à sortir seuls. En règle générale, ils restent trois mois chez nous. Chaque hôte est accompagné par un thérapeute et par un religieux. La journée est ponctuée par un travail de groupe thérapeutique et créatif, par des groupes spirituels et des entretiens individuels. Les hôtes assurent aussi des services dans la maison et le jardin. C'est donc un mode de vie communautaire, au sein duquel une évolution profonde se dessine. Cette réalisation a vraiment fait ses preuves. C'est un travail qui est très apprécié et qui nous plaît beaucoup à nous aussi. Mais évidemment il est pénible aussi à certains moments d'aider les personnes à traverser leurs crises.

Nos hôtes viennent chez nous par des voies différentes. La plupart viennent d'eux-mêmes, nous disant : « Je n'en peux plus. » Après avoir formulé une demande auprès de nous, ils doivent régler tout le reste avec leur diocèse, parce que c'est lui qui finance leur séjour. Certains hôtes nous sont adressés, mais ce n'est généralement pas une bonne motivation. Je ne serais pas content non plus si mon évêque m'envoyait quelque part. Lorsqu'un hôte vient uniquement parce que son évêque ou le délégué du personnel le veut, et qu'il se montre récalcitrant envers tout, son séjour n'a pas de sens. Mais lorsque ces hôtes sont capables de voir tout de même une chance dans ce que nous proposons, leur séjour peut porter ses fruits.

Lorsque j'accompagne des prêtres dans le Centre de récollection, je leur demande toujours de me raconter leur vocation. En bien des points, elle ressemble naturellement à la mienne. Beaucoup étaient servants d'autel et engagés dans la paroisse auprès des jeunes. L'Église était leur patrie, et ils sont alors devenus prêtres. Mais à un moment donné, ils se sont rendu compte que si l'Église était leur patrie, il leur fallait aussi vivre par eux-mêmes. Dans le Centre de récollection, nous enseignons ceci lors de notre accompagnement : là où l'on est vivant, on rencontre Dieu. Dieu est le Dieu de la Vie. Pourtant, certains hommes ne suivent pas un cheminement spirituel afin d'être plus vivants, mais pour fuir la vie. On s'en rend compte en remarquant combien ils sont figés corporellement ou intellectuellement. Or ce n'est pas ce que nous voulons annoncer. Nous voulons faire retrouver aux personnes leur vivacité. Alors elles pourront réaliser ce que signifie la Parole de Jésus : « Je suis le Chemin, la Vérité et la Vie » (Jean 14, 6). Seul celui qui avance sur le chemin de la Vie reconnaîtra et vivra la Vérité de Jésus-Christ.

Cycles de formation
pour les entreprises

J E suis souvent invité à des conférences et des séminaires dans les entreprises ou dans les banques. Je n'anime pas de séminaires à l'extérieur, mais je fais des conférences. À Münsterschwarzach, j'ai animé pendant dix ans des séminaires pour Daimler : vingt à vingt-quatre participants venaient au monastère pour trois jours deux fois par an. Actuellement, Daimler fait beaucoup d'économies et a supprimé cette offre pour ses collaborateurs.

À Wurtzbourg, nous avons la maison Saint-Benoît. Nous y avons démarré le programme dit vert, qui s'adresse à des hommes et des femmes ayant la responsabilité d'autres personnes dans leur profession. Aux séminaires collaborent quelques psychologues. À chaque séminaire, je fais une conférence. À certains, je suis présent plus longtemps. Les séminaires se déroulent selon une structure très claire. À 7 h 30 du matin : méditation ou qi gong ; puis petit-déjeuner, pris en silence comme le déjeuner. Celui qui le veut peut participer à la prière au chœur ; ensuite, travail en groupes et entretiens. Les participants entrent fort bien dans ce schéma.

En outre, nous proposons quatre cours de formation en différents domaines. Je participe moi-même à cinq modules par an à Wurtzbourg. Puis je fais toujours une conférence suivie d'une discussion. J'ai alors des entretiens individuels toute la journée, qui ne durent qu'un quart d'heure par participant.

Pour les autres cours, je fais une conférence tous les mardis, qui dure une demi-heure. Ensuite, il reste une autre demi-heure pour la discussion. Je me cale toujours sur les thèmes des cours et je réfléchis à ce que je peux dire sur le sujet. Ce ne sont donc pas des exposés élaborés, mais je dis ce qui me vient à l'esprit dans la situation.

La suggestion de donner des cours pour les entreprises est venue de l'extérieur, d'un formateur protestant qui donnait des cours chez Daimler comme conseiller et psychologue. Il vint me voir avec monsieur Siegfried Benz, alors directeur du Lämmerbuckel, le centre des séminaires du groupe ; ils pensaient qu'il serait bon que leurs collaborateurs passent trois jours au monastère. Mais ils n'étaient pas sûrs du tout que cette idée reçoive un accueil favorable. Il fallait au minimum dix personnes intéressées pour qu'il soit donné suite au projet. La première fois, dix-huit participants étaient présents. L'offre fut donc reconduite l'année suivante, et le succès fut immédiat. On nous demanda alors si nous pouvions proposer un séjour deux fois par an, puis finalement, trois à quatre fois par an. J'ai répondu que deux fois me suffisaient, car pendant la semaine il m'est un petit peu difficile d'assumer d'autres obligations. C'est déjà tout un art de coordonner l'ensemble. Mais c'était bien. L'abbé

Fidelis était lui aussi très intéressé par ces cours. Tous les mardis soirs, un entretien avec les moines était prévu. J'ai alors souvent invité le père abbé, à qui cela a beaucoup plu. Il était toujours extrêmement intéressant pour les collaborateurs de Daimler que le père abbé et quelques jeunes moines soient présents en même temps que moi. Ils pouvaient tous poser les questions qui leur venaient à l'esprit. Ils furent souvent très impressionnés par l'abbé Fidelis et sa manière de concevoir et de pratiquer la direction d'un monastère.

À la suite de cette session, j'ai écrit le livre *Diriger les hommes, les éveiller à la vie*[1]. J'ai d'abord pensé que je ne faisais qu'enfoncer des portes ouvertes et n'aurais pas grand-chose à dire par rapport aux grandes théories du management. Mais j'ai remarqué que cela faisait du bien à mes lecteurs, et l'ouvrage a déjà fait l'objet de nombreux retirages. Puis beaucoup d'autres entreprises ont manifesté de l'intérêt pour mes séminaires et mes conférences. Avec la crise financière et économique actuelle, nous avons pensé qu'ils seraient moins nombreux à venir à nos cours de conduite des hommes à la maison Saint-Benoît de Wurtzbourg ; or nous avons désormais plus d'inscriptions qu'auparavant.

Les hommes qui viennent nous voir ont évidemment tous un objectif spirituel. Ils souffrent souvent de la froideur dans leur entreprise. La pression et le manque d'assurance augmentent. Un participant déclara un jour : « Avant, on se disait : si je suis zélé, si je travaille correctement et intelligemment, il ne peut rien m'arriver. Mais aujourd'hui, il n'y a plus de garantie. On procède à des restructurations, et l'individu ne

---

1. *Diriger les hommes, les éveiller à la vie* (1998), Salvator, 2006.

compte absolument plus. Bien travailler ne peut pas me garantir que je vais pouvoir continuer à travailler dans l'entreprise. »

J'essaie de faire comprendre que ce ne sont pas les choses extérieures qui devraient me définir, mais ma propre vérité ou Dieu lui-même. Je ne dois pas non plus me laisser écraser par l'ambiance dure d'une entreprise, mais être conscient de ma dignité. Si je connais ma valeur, je ne me laisse pas aussi facilement dévaloriser par les autres.

J'en viens au rapport entre temps et rituels, c'est-à-dire à la manière dont je peux vivre moi-même malgré tout le stress, au lieu de me laisser dicter ma vie. En outre, il s'agit toujours de valeurs : quelles valeurs s'appliquent à la direction ? Le langage m'importe beaucoup : quel langage est-ce que j'utilise dans l'entreprise ? Souvent on y parle un langage froid et méprisant. Un langage qui aide est encourageant, constructif, contrairement à l'attitude qui consiste à faire des reproches, à être blessant et moralisateur.

On ne peut enlever aux hommes dans les entreprises l'angoisse existentielle. Mais je peux indiquer des moyens pour qu'ils s'y prennent différemment. Dans l'angoisse, ils ont besoin de ressentir qu'ils ont plus de valeur que leur job. S'ils ne se définissent pas par le job, mais par Dieu et leur valeur authentique, ils peuvent alors au moins réagir plus paisiblement aux restructurations et rester eux-mêmes quels que soient les troubles extérieurs. Mais j'ai parfaitement conscience que cela n'est pas si facile sur le moment.

Un chef d'entreprise chrétien de l'industrie du meuble, qui a d'excellentes relations avec ses cent collaborateurs, me racontait que, pour lui, le marché américain ainsi que 80 % du marché espagnol s'étaient volatilisés. Il en a été de même pour l'Irlande et l'Islande. C'est une situation très difficile, mais se contenter de faire faillite n'aurait pas de sens. Il fallait qu'il discute avec ses collaborateurs et il ne savait pas s'il s'en sortirait ou non. Il arrive donc que de très bons dirigeants se trouvent dans des situations difficiles, dont ils ne peuvent souvent pas sortir facilement. Lorsque le marché s'effondre totalement, on peut évidemment imaginer d'autres produits. Le chef d'entreprise en question a bien tenté l'aventure, mais il est difficile de faire, du jour au lendemain, quelque chose d'entièrement nouveau. Il faut verser régulièrement les salaires des collaborateurs, même si l'on ne fait pas de chiffre d'affaires. C'est compliqué.

J'ai connu personnellement monsieur Merkle de Ratiopharm. J'ai fait une conférence il y a quelque temps pour son entreprise où son fils m'avait invité. Il est profondément chrétien et voulait aussi diriger l'entreprise dans un esprit chrétien ; mais il a dû arrêter, parce que ses idées ne passaient pas auprès des autres managers. Un directeur de Caisse d'épargne, avec lequel j'ai des liens d'amitié, connaissait bien aussi M. Merkle. Il pensait que dans notre société, les gens peuvent être d'abord portés aux nues, puis finir par être précipités en enfer. M. Merkle n'avait pas commis de grosse erreur, si ce n'est d'avoir – sur le conseil de sa banque – misé sur des cours en baisse pour les actions VW, parce qu'ils étaient trop hauts. Ce qui était effectivement le cas, mais ils sont montés encore davantage à l'instigation d'autres spéculateurs. Monsieur Merkle a donc fait de mauvaises spéculations et a tout perdu. Les banques ne se sont absolument pas souciées de cet homme qui avait été un client solide pendant des années, elles ont cherché uniquement à sauver leur peau, tout le reste n'ayant désormais plus cours. Il règne chez elles un climat dans lequel je ne prends plus aucune responsabilité et ne noue plus aucune relation. Mais le pire est une économie qui n'a plus de liens, où l'homme et les relations ne jouent plus aucun rôle. Dans un tel contexte, on ne peut plus gérer. On en arrive à voir des managers qui prospèrent sans établir aucun lien et rivés derrière leur bureau.

Cela m'étonne un peu que tant d'entreprises m'invitent à des conférences en qualité de représentant de l'Église. Bayer m'a invité, ainsi que Siemens, Daimler et bien d'autres grandes entreprises et banques. L'auditoire se compose en partie de leurs propres dirigeants, en partie de leurs clients. Depuis quelques années, il y a là un nouveau besoin, et cela me réjouit, bien sûr. Il y a vingt ans encore, on n'aurait jamais fait appel à l'Église ; son opinion n'avait pas cours dans le monde de l'économie et on ne lui reconnaissait aucune compétence.

Dans mes conférences, je mets souvent en avant la règle de saint Benoît et la conduite des hommes selon son optique. J'appelle cela diriger, c'est-à-dire éveiller la vie en l'homme. Ou bien j'insiste sur l'importance de diriger avec des valeurs, de créer des valeurs par l'estime de la valeur. Les auditeurs sont toujours conquis. Parfois, je donne ce genre de conférences au cours de congrès. À Münster s'est ainsi tenu un congrès auquel assistait aussi l'entraîneur de handball Heiner Brand.

Je ne parle pas des thèmes typiques du management. Je m'attache bien plus aux préalables de la direction, à la dimension humaine de la direction et à une bonne connaissance de soi. Je cite de nombreux exemples et ne fais pas de grande théorie ; c'est pourquoi les gens s'y retrouvent souvent aussi eux-mêmes.

Lors d'une session où je devais faire une conférence, j'arrivai tôt et je pus écouter les trois premiers exposés. Et je pensai en moi-même : non, tu n'as pas besoin de te cacher. Les conférenciers faisaient là un énorme *show* avec Powerpoint, et c'était fort sympathique à écouter, mais impossible à suivre. J'essaie de parler plus concrètement et de ne pas moraliser. Je voudrais simplement donner aux gens le courage de se fier à leurs propres sentiments. Et je suis content de pouvoir leur donner si souvent le sentiment que ce que je dis est authentique. Beaucoup, notamment dans les milieux dits de direction, sont en représentation ; c'est pourquoi l'authenticité leur fait tout simplement du bien.

On me demande parfois si ce n'est pas pour moi un alibi de faire des conférences pour certaines entreprises et si l'on ne se sert pas de moi, ou si mon discours ne représente pas une goutte d'eau dans l'océan. Je n'ai pas l'ambition de sauver le monde entier, mais j'aimerais fortifier et soutenir ceux qui pensent autrement. Et je fais confiance au levain qui monte. Je dis toujours : « Lorsque dans une entreprise trois personnes pensent de la même façon, personne ne peut en faire abstraction et cela a des conséquences. »

ENJEUX

1

Les défis dans ma vie personnelle

QUAND je sens que je suis contrarié parce que quelque chose va de travers, j'ai deux sortes de réactions : soit je me lamente que tout aille de travers, soit je réunis les gens, j'aborde le problème et je mets quelque chose sur pied. La contrariété est donc un tremplin pour créer.

L'impatience, la colère et l'agressivité

En entretien, j'essaie toujours d'être patient. Mais cela m'arrive évidemment d'être impatient : par exemple lorsque, dans des centres de formation, je fais la queue au buffet et que je remarque que certaines personnes n'arrivent pas à se décider pour un plat ou un autre, faisant ainsi attendre tout le monde. Je me rends compte que je suis moi-même plutôt quelqu'un de décidé et non quelqu'un à qui il faut un temps infini et qui doit réfléchir trois fois avant d'agir. Quelqu'un de trop lent éveille en moi l'impatience.

Souvent, les gens étriqués m'irritent. J'essaie alors de me dire : « Oui, ça m'agace, mais je laisse faire et ne leur laisse pas de prise sur moi. » Il n'est pas question que je sois contrarié tout l'après-midi ; je n'ai aucune envie de laisser trop de place à l'irritation, voire de l'entretenir. La contrariété est plutôt une impulsion pour prendre mes distances et me protéger de l'autre, ou pour m'attaquer à quelque chose.

Lorsque je suis irrité par des frères moines, qui me connaissent bien puisque nous vivons en communauté, je me demande où se situe mon côté sensible et où l'autre me révèle mes zones d'ombre. Mais je peux aussi simplement dire : « Bon, il est différent et il en a le droit. Je continue à être irrité, mais je ne lui accorde aucun pouvoir sur moi, du moins pas au point de diriger ma vie. »

Naturellement, je peux aussi faire une vraie pause, par exemple lorsque je suis seul au volant de ma voiture, que je suis pris dans un embouteillage ou bien lorsque la radio qui suit le trafic se trompe. Quand je suis pris par le temps et que mon GPS se met à débloquer, cela m'agace sérieusement et je vocifère.

L'agressivité est pour moi une question de proximité et de distance. Lorsque je suis agressif, c'est un signe que j'ai laissé dépasser la mesure ou que l'autre a dépassé les limites. Ma première impulsion est alors de me protéger, de repousser l'autre et de prendre mes distances. L'agressivité est censée réguler le rapport entre proximité et distance ; mais elle est aussi une impulsion pour s'attaquer à une chose, aborder quelque chose, comme l'indique le terme latin *aggressio*.

Lors de réunions, par exemple les réunions de chantier que je dois animer en qualité de cellérier, il y a parfois de l'agressivité. Autrefois, je prenais toujours la résolution de créer un climat de paix. Aujourd'hui, je m'efforce simplement de rester serein. Lorsque les autres se disputent, eh bien je les laisse se disputer, sans trop m'en mêler. Quand ils ont fini de se disputer, je peux demander avec sérénité : « Alors, que fait-on maintenant, quelle est la solution ? » Je me mets donc moins sous pression. Entre les différents corps de métiers, il est tout à fait normal que les choses se passent un peu vivement. Il ne faut pas le prendre trop au sérieux et vouloir aussitôt tout aplanir bravement. Il est important que je prenne de la distance intérieurement et reste assez paisible ou apporte des éclaircissements. J'ai déjà assisté à des réunions où les rapports deviennent très émotionnels, mais ne mènent à rien. Les émotions peuvent s'exprimer ; mais nous devons les traverser, pour pouvoir retrouver les idées claires.

Quand je fais l'expérience de l'agressivité des autres, cela me touche, en dépit de toute sérénité, et quand on me critique, je sais exactement où le bât blesse en moi. J'essaie alors d'écouter ma voix intérieure : en quel point de la critique se cache le défi de trouver une autre formulation, plus claire peut-être ? Ou bien en quoi l'autre a-t-il raison, où ai-je été trop exclusif, trop carré ? Et je me demande dans quelle mesure c'est l'expression de mon problème personnel et dans quelle mesure cela exprime le problème de l'autre. Ou bien je me dis : « Bon, il a le droit de penser ainsi, mais je n'ai pas à le convaincre, et je ne suis pas responsable de son problème. »

L'échec et l'hostilité

Il y a une différence entre hostilité, insuccès et échec. Ainsi par exemple, j'ai vécu un échec en pleine crise financière. La manière dont j'ai placé l'argent n'a pas aussi bien réussi que je l'avais prévu. C'est toujours pour moi aussi un défi spirituel de me demander : « Suis-je tenté de me reposer sur mes lauriers ? », et de me demander dans l'absolu : « Qui suis-je ? » Je ne dois pas me définir en fonction de la réussite. L'essentiel est que je sois un moine en recherche, qui reste sur le chemin et qui se définit par rapport à Dieu et non à la réussite.

Évidemment, je reçois aussi des lettres où l'on m'invective parce que je ne transmettrais pas l'essence du christianisme et falsifierais tout ; ou bien parce que ma théologie serait ésotérique et ne serait plus chrétienne. Certaines de ces remarques sont très agressives. Je me demande alors ce que cela cache. Certains peuvent-ils vraiment être pieux s'ils ont la certitude d'être les seuls à avoir raison et de vouloir que tous ceux qui pensent autrement aillent au diable ? J'essaie de comprendre : quel degré de peur se cache derrière l'agressivité de tels reproches ? Est-ce la peur de regarder ses zones d'ombre, de renoncer à l'image idéale à laquelle on aimerait bien ressembler ? Naturellement, j'essaie aussi – face à des remarques hostiles – de sentir sur quels points porte une critique justifiée. J'essaie d'en tenir compte. Je ne prétends pas tout voir et penser avec justesse. C'est un défi d'interroger ses propres idées et de se demander : « Quelles sont aujourd'hui les aspirations des hommes et leurs questionnements ? »

Peut-être que je ne réponds dans certains de mes livres qu'à mes propres questions. Je m'efforce donc de toujours être à l'écoute des questions que sous-tendent les critiques.

Mais certains reproches sont purement infondés. C'est alors davantage le problème de celui qui écrit, et je m'efforce de penser que c'est son affaire. Il a le droit de penser ainsi, et je ne suis pas obligé de le convaincre. Peut-être ne veut-il pas du tout entendre autre chose. Je le constate de plus en plus souvent : je ne peux pas plaire à tout le monde. Je ne voudrais pas me comparer à Jésus, parce que c'est dangereux aussi, mais je me suis remémoré l'expérience que Jésus a faite lors de son premier sermon à Capharnaüm. Il s'est contenté de parler de Dieu, mais d'une manière qui a fait s'agiter l'esprit impur qui s'est mis à l'invectiver : « Que veux-tu de nous ? » (Marc 1, 24). Je peux aisément comprendre cette réaction au sermon de Jésus. Car j'ai l'expérience de conférences où j'ai parlé très paisiblement de Dieu, du ciel ou de la vie éternelle, et où j'ai reçu soudainement des critiques agressives. Manifestement, une agressivité violente agite un auditeur, parce que l'image qu'il a de Dieu est remise en question. Et il ne veut pas l'accepter. Il en allait de même pour Jésus : parce qu'il parlait avec autorité, toutes les images démoniaques de Dieu ne pouvaient plus rester cachées, mais devaient être évacuées. C'est le cas dans mes conférences, parfois ; mais – je le répète – je ne voudrais pas courir le risque de m'identifier à Jésus. Car je connais malheureusement des prêtres qui s'identifient si fortement à Jésus qu'ils disent : « Jésus a tout bousculé ; donc je peux aussi bousculer, et plus je bouscule, plus je ressemble à

Jésus. » En réalité ils justifient ainsi leur comportement asocial, et je ne voudrais pas tomber dans ce piège.

La réussite et l'échec

En matière d'opérations financières, j'ai fait l'expérience de la réussite comme de l'échec. C'est inhérent à cette activité. Il y a toujours eu des périodes fastes. Les dernières années, nous avons beaucoup construit, surtout pour d'autres personnes, pour les élèves qui fréquentent notre école, pour nos hôtes dans les maisons de formation. Nous avons toujours bien placé l'argent, en l'investissant pour les autres. Mais nous avons connu aussi, lors d'opérations financières – particulièrement avec la crise financière actuelle –, des échecs. Lorsqu'on échoue, les autres sont toujours plus malins que tout le monde, après coup. Et il est évident qu'au cours des trente années où j'ai dirigé l'administration, certaines choses ne se sont pas aussi bien passées dans les constructions ou dans la collaboration avec des entreprises externes. Tout n'a pas été une réussite, et je n'ai pas pu tout régler comme je l'avais prévu. Les frères, les collaborateurs, moi-même, nous avons tous nos limites.

Deux ou trois de mes conférences aussi n'ont pas été tellement réussies : elles prenaient place à côté d'autres exposés et je constatais qu'il n'y avait pas une bonne ambiance dans la salle. Même si l'on pouvait s'exprimer, cela n'arrangeait rien, car certaines personnes cherchaient à se mettre en avant. Il faut alors laisser parler ce genre de conférenciers et leur demander :

« Quelle est votre question, à vrai dire ? » Ou alors je
ne réagis pas et m'efforce de rester aimable. Mais il
arrive qu'on ne puisse calmer certaines personnes et
le public commence à s'agiter. Parfois, on pose des
questions totalement hors sujet ou bien les reproches
se font dans l'agressivité. Un jour que je donnais une
conférence sur les anges, une professeur de religion
a déclaré que Dieu était pour elle une famille : le
Père, le Fils et le Saint-Esprit, qui serait la mère. J'ai
répondu : « C'est une belle image. Mais Dieu n'est ni
père ni mère, il est au-delà de toutes choses. » Elle
ne démordit cependant pas de son point de vue. Elle
me demanda de soutenir sa position sous peine de
n'être pas théologiquement conforme. Elle le dit sur
un ton très agressif et les gens commençaient à se
mettre en colère en voyant que cette femme insistait.
Je lui dis que je pouvais tout à fait reconnaître des
composantes féminines en Dieu, mais non pas voir
en Dieu exclusivement une mère au lieu d'un père,
ce qui était tout aussi réducteur. Il existe donc des
situations où l'on constate que cela n'a pas de sens de
continuer à discuter. À une autre reprise, il y a déjà
longtemps, le présentateur avait, Dieu merci, inter-
rompu un homme : il savait qu'il venait à chaque
conférence pour y aborder toujours le même sujet,
bien que cela fût complètement hors de propos.

La vieillesse, la souffrance et la mort

Beaucoup d'hommes ont peur de perdre leur auto-
nomie, d'être dépendants et de végéter en étant à
la charge des autres. Ils ont peur d'être à la charge

de leurs enfants ou de la société. Cela ne vient pas
seulement de ce qu'ils ne sont plus autonomes et que
d'autres doivent s'occuper d'eux, mais cela a un rapport avec leur propre image du monde : qui suis-je
donc alors si je dépends d'une aide extérieure ou si je
perds la tête, si je ne peux plus gérer ma vie ? C'est là
encore un problème de valeur personnelle et d'image
de soi. Beaucoup s'accrochent à l'image de l'homme
fort qui réussit, qui est intelligent et qui a tout en
mains. Mais lorsqu'ils tombent malades et perdent
leurs forces, c'est pour eux un grand défi. Qui suis-je
quand je suis faible, dépendant, quand je ne peux
plus parler ou écrire ? En définitive, c'est pour moi un
défi spirituel. Quel est mon véritable moi ? J'ai deux
frères moines chez qui on a diagnostiqué la maladie
d'Alzheimer. Ils ne sont pas beaucoup plus âgés que
moi, et je me demande déjà comment je réagirais personnellement face à un tel diagnostic. Il y a quelque
temps, j'ai participé avec la femme de Walter Jens à
une émission télévisée. Il souffre de démence sénile,
on le sait, et on n'aurait jamais pensé qu'un homme
aussi vif intellectuellement puisse en être atteint[1]. Mais
cela peut manifestement atteindre chacun. J'y vois
là aussi un grand défi : comment gérer la situation
lorsque l'esprit se retire ? Ma vie a-t-elle encore de
la valeur malgré tout ? Autre aspect de la question :
concernant la mort, la peur de perdre le contrôle est
la plus forte chez beaucoup d'hommes. Ce n'est pas
tant d'avoir besoin d'aide que de perdre le contrôle
et de ne plus avoir sa vie en mains. Cela fait peur, et

1. Walter Jens, décédé en 2013 à Tübingen, était philologue et historien
de la littérature. Il était, par ailleurs, l'auteur de nombreux ouvrages.

c'est un défi de s'en remettre à Dieu. Ce sont toutes des attitudes spirituelles qui s'imposent au moment de la mort et auxquelles nous devrions nous préparer toute notre vie.

Évidemment, je me demande aussi personnellement ce qu'il en serait si tout changeait avec mon avancée en âge. Il y a plusieurs scénarios : le premier, je fais des conférences et plus personne n'y vient. Cela, je devrais l'accepter. Désormais, mes pensées ne sont plus tellement importantes, bien que j'aie encore l'esprit vif et que je puisse continuer à lire, à écrire et à accompagner d'autres personnes. Ce serait, je crois, un défi : me contenter de lire pour moi-même dans le silence, réfléchir à ce qui me porte, chercher à pénétrer le mystère de Dieu et de l'homme.

Autre chose serait que ma pensée ne soit plus assez claire ou que je ne puisse plus écrire. Je ne sais pas exactement comment je réagirais. Mais c'est pour moi un défi de me poser la question : qui suis-je au fond ? Ne suis-je moi-même que lorsque je réussis et que j'ai quelque chose à dire ? Ou bien qui est ce moi, quand il n'a plus rien à dire, quand il se tait et se retire ? C'est aussi pour moi la question de la nature humaine.

Alors se pose le problème de la peur. Je parle avec ma peur, j'essaie de mieux la comprendre et de la cerner. Est-ce la peur de la perte de contrôle ou de la faiblesse et des infirmités ? Ou bien est-ce la peur des souffrances qui m'attendent dans la vieillesse et au moment de mourir ? Ou encore est-ce la peur de la mort et de ce qui m'attend quand je rencontrerai Dieu au moment de mourir ? Me suis-je bâti une théorie à ce sujet ? Par exemple, lorsque je monte dans un avion, je pense toujours que cela pourrait être ma dernière heure.

Et là s'agite sûrement le souci que je n'ai pas encore
terminé mon œuvre. Je devrais passer la main pour
l'administration du monastère, ou j'aimerais continuer
un peu ici ou là. Une autre façon de voir serait : bon,
mon œuvre ne doit pas être achevée. Naturellement,
il y a aussi l'aspiration à être sage à 80 ans, peut-être,
mais je crois que c'est mon image. C'est l'affaire de
Dieu, la manière dont il met fin à ma vie. Et j'aimerais
évidemment que la boucle de ma vie soit bien bouclée
lorsque je mourrai. Mais qu'est-ce que cela veut dire,
d'ailleurs ? L'un meurt à 63 ans d'un infarctus, l'autre
à 57 ans. Une image idéale de l'homme spirituel est le
vieil homme sage, mais je suis conscient que ce sont
encore mes projections, mes images de la mort et de
la vieillesse. Je connais ces désirs-là, mais j'essaie toujours de me dire : « C'est la volonté de Dieu et non
ce que j'imagine. »

Je n'ai pas peur du Dieu qui juge et de la damna-
tion ni de l'inconnu. J'ai vécu la mort chez des frères
moines ; juste avant que nous mourions, notre vie
nous apparaît clairement. J'avais parfois le sentiment
que tout était bien ainsi pour eux, ou bien l'inverse.
Je sais que je ne suis pas parfait, mais j'ai confiance
dans le fait que ce qui n'était pas juste dans ma vie
sera transformé par Dieu. Je ne sais pas comment je
réussirai à vieillir et à mourir. Saint Paul écrivait qu'il
avait envie de quitter ce monde pour être auprès du
Christ. Je comprends cela. Quand j'entends la cantate
de Bach *Je suis comblé*, dans laquelle Siméon chante :
« Je suis heureux de mourir », une voix s'élève en
moi et dit : « Oui, ce serait bien ! » Ce n'est pas que
j'aspire à la mort, mais à la liberté intérieure. J'aime la
vie, mais je n'ai aucune garantie m'indiquant combien

de temps je resterai en bonne santé. Et quand je lis chez saint Paul qu'il est préférable de partir pour se retrouver auprès du Christ (cf. Philippiens 1, 23), cela me donne la sérénité d'aimer la vie, mais lorsqu'il en sera autrement, tout sera bien aussi.

Cependant, je n'ai évidemment aucune garantie non plus de réussir ma mort. J'ai confiance en ce que Dieu me donne ce qui est bon pour moi. Karl Rahner, lui aussi, qui a beaucoup écrit sur la psychologie de la mort, fit pour son quatre-vingtième anniversaire une magnifique conférence sur ce qui l'attendait dans la mort. Mais lorsque la mort s'approcha, il eut peur, lui aussi, de mourir.

J'ai souvent donné comme devoir aux participants et participantes à mes cours de rédiger un dernier adieu, simplement pour prendre la mesure de ce qui compte dans leur vie et de ce qu'ils veulent transmettre aux autres de leur vie. Lors de ces cours, j'ai aussi rédigé un testament spirituel pour moi-même. À vrai dire, le dernier remonte déjà à un certain temps, et ce qu'il contient, je ne m'en souviens plus. Mais je souhaite qu'à mon dernier adieu on puisse dire : il avait un grand cœur et il a aimé les hommes, pour lesquels il a écrit des livres. Ce serait vraiment important pour moi.

2

La spiritualité : entre le bouddhisme,
C. G. Jung et le christianisme

L E bouddhisme tel qu'il est enseigné en Europe est plus une philosophie bouddhiste que la religion bouddhiste. Je vois beaucoup de psychologues et de gens cultivés qui cherchent dans cette direction et je me demande pourquoi il en est ainsi. Quand je discute avec eux, j'entends que le christianisme a trop parlé de péché, a toujours culpabilisé l'homme et l'a qualifié de pécheur. C'est pour moi aussi le grand malheur. Beaucoup de ceux qui se tournent aujourd'hui vers le bouddhisme ont été blessés par l'Église. Elle a vraiment blessé beaucoup de personnes en les culpabilisant : tu es pécheur ! Tu n'es pas comme il faut ! À l'inverse, le bouddhisme ne connaît pas la culpabilité. Il s'agit de libération intérieure et d'un cheminement spirituel.

Je me suis aussi intéressé à la méditation zen et c'est pour moi un véritable défi d'arriver à ce que nous, chrétiens, ne ramenions pas tout au péché. Jésus ne l'a pas fait, et la saine théologie ne l'a jamais fait non plus. Jésus a parlé avant tout de la miséricorde de Dieu. Il s'est tourné vers ceux qui passaient alors pour des pécheurs et il les a redressés. Nous devrions donc nous frapper la poitrine et nous demander si nous avons toujours été conformes au message de Jésus ou si nous n'avons pas confondu notre propre condamnation avec des motifs chrétiens.

Par ailleurs, le bouddhisme montre aussi des voies spirituelles et représente ainsi un défi pour nous. Aujourd'hui, on recherche de nouveau les voies de la mystique. Une théologie chrétienne saine et les sciences naturelles sont tout aussi compatibles que le bouddhisme et les sciences naturelles. Certains sont surtout fascinés par la psychologie du bouddhisme, mais nous, chrétiens, essayons également de concilier spiritualité et psychologie. Par ailleurs, il est pour moi très important aussi que nous nous mettions à l'école du bouddhisme, tout en trouvant notre propre réponse chrétienne et en développant une nouvelle confiance en soi.

Le bouddhisme et la personnalité

Il y a quelque temps, j'ai fait une conférence devant des psychologues qui, jusque-là, avaient davantage cherché dans le bouddhisme. J'ai été invité à dessein en tant que chrétien, parce qu'ils voulaient retrouver leurs racines chrétiennes. L'un d'entre eux me dit qu'il avait l'impression que certains clients dépassaient leur incapacité relationnelle dans la religion, en se passionnant pour l'union au divin et pour la dissolution du moi, pour l'être-seul.

Beaucoup vont dans cette direction parce qu'ils ne sont pas prêts à déplorer leur incapacité relationnelle. Bien plus, ils la subliment en disant : « Nous n'avons nullement besoin de relations, car nous faisons déjà un avec le tout. » Au lieu de déplorer leur incapacité relationnelle, ils se placent au-dessus des autres hommes et de leurs propres blessures. C'est une compensation – nous dit la psychologie – qui ne mène pas à la vraie Vie, mais à un monde imaginaire. Chez beaucoup de ceux qui cherchent du côté du bouddhisme, je constate cette compensation religieuse de leur pauvreté relationnelle. Le bouddhisme parle d'un Dieu a-personnel, ce qui est intéressant pour beaucoup. À l'inverse, le christianisme n'a cessé de parler d'un Dieu personnel. Nous devons faire ici la synthèse. Pour moi, Dieu est toujours les deux, personnel et supra-personnel. Dieu est l'Esprit qui pénètre le monde dans sa totalité et son énergie (quel que soit le nom que nous voulons lui donner) – ici nous pouvons tout à fait reprendre les expressions du bouddhisme –, mais Il est également le Tu.

En accompagnement spirituel, il est pour moi tout à fait décisif que l'image du soi et l'image de Dieu correspondent. Ainsi en est-il psychologiquement : si je suis perfectionniste, j'ai aussi une image de Dieu perfectionniste ; ou si j'ai une mentalité de comptable, j'ai une image d'un Dieu comptable. Lorsque quelqu'un a une image de Dieu justicier, je ne lui demande jamais quelle est sa théologie, mais toujours quelle est sa propre image de soi : pourquoi as-tu besoin de te punir toi-même ? D'où vient la tendance à l'autopunition en toi et quelle aspiration ou quel besoin intérieurs cherches-tu à éviter ?

La tendance à l'autopunition est souvent l'ersatz d'une vie non vécue, ou bien elle se manifeste par peur de sa propre vitalité ou d'autres choses encore. Si j'applique ce principe de correspondance entre l'image de Dieu et l'image de soi à l'image de Dieu a-personnelle du bouddhisme, je dois constater qu'il n'existe pas dans le bouddhisme de culture de la personne et de l'interpersonnalité. Or, tant dans le christianisme que dans le judaïsme s'est développée une haute culture de l'interpersonnalité, et nous devrions l'aborder de nouveau avec une confiance en nous renouvelée. C'est-à-dire ne pas nous contenter de dire que Dieu est personnel. Nous, chrétiens, avons parfois rapetissé Dieu ou l'avons vu tel un homme, lorsque nous parlions du Dieu personnel. Nous l'avons représenté comme un ami, avec qui l'on peut parler exactement comme avec un ami terrestre. Et nous avons exigé que chacun établisse une relation personnelle avec Dieu. Ainsi, en exigeant un lien personnel avec Dieu et en exigeant qu'on le ressente, nous avons souvent exercé une pression sur les hommes. Nous avons parfois trop vu la personnalité de Dieu en termes humains. Or il apparaît clairement en Jésus que Dieu est justement aussi personnel, comme s'il était face à nous, qu'il nous provoque, que nous devons répondre à ce « tu ». Nous ne pouvons pas le contempler depuis notre fauteuil, confortablement installés, sans que cela nous engage. La façon dont nous parlons de la personne de Dieu est pour moi une question primordiale.

J'ai parfois l'impression que les hommes qui se passionnent pour le bouddhisme ont des problèmes avec l'être de la personne. Pierre Schellenbaum met en garde contre le « sentiment de fusion océanique ». Jésus déclare : « Si quelqu'un veut venir à ma suite, qu'il se renie lui-même et qu'il me suive » (Luc 9, 23). Se renier soi-même veut dire se libérer du pouvoir de l'ego, ce qui est assurément aussi bien chrétien que bouddhiste. Mais je considère la dissolution du moi, qui consiste à dire : « Le moi n'existe pas, la personne n'existe pas », comme le pensent certains bouddhistes ou comme le formule Willigis Jäger, comme une compensation de l'a-personnalité propre.

Je me trouvais il y a quelque temps à Taïwan dans un couvent de religieuses bouddhistes, avec lesquelles je discutai. Et j'ai pris de nouveau conscience là-bas du non-sens qu'il y a à vouloir convertir l'autre. Il est beaucoup plus important de ne pas tout amalgamer et d'essayer avec intérêt, avec ouverture, avec respect, de se demander réciproquement : « Comment comprenez-vous la vie, le chemin spirituel, Dieu et l'homme ? Et comment le comprenons-nous ? » On peut alors analyser certaines réponses données jusque-là par le christianisme. L'ouverture et le dialogue des religions sont assurément nécessaires pour la paix en société. Mais en même temps, comment vivre concrètement notre propre foi ? Nous ne pouvons nous fabriquer une religion unitaire (qui les regrouperait toutes), et chaque religion a son propre langage, qui n'est pas interchangeable et ne peut être mélangé avec les autres. De la même manière, on ne peut pas adopter simplement d'autres rituels. Il en va de même dans l'œcuménisme entre l'Église catholique et l'Église protestante. À certaines époques on a cru que la solution se trouvait dans une Église unitaire, mais cette idée a échoué. On peut se lamenter, mais la globalisation suscite aussi un besoin de régionalisation, et il en va de même pour les religions. On a besoin de formes stables et de figures claires, mais qui restent cependant ouvertes. Personne ne souhaite revenir à une mentalité de ghetto, mais il importe que les contours soient clairs, laissant tout de même place au dialogue ouvert et loyal avec les autres religions.

Les relations

Les problèmes relationnels au sein du couple, de la famille ou entre frères et sœurs, et souvent l'incapacité à se parler, c'est-à-dire l'incapacité à communiquer, occupent une place centrale dans les entretiens que j'ai avec les personnes rencontrées à l'occasion de mes cours. En psychologie, on a beaucoup écrit sur la communication, mais cela seul ne suffit pas. Je pense que là, le manque est plus grand. Celui qui parle de Dieu avec justesse parle aussi de l'homme avec justesse. : Carl Gustav Jung dit que Dieu est le plus fort archétype, et que lorsque cet archétype est malade, l'homme l'est aussi. Une image juste de Dieu inclut aussi une image juste de l'homme. L'image du Dieu trinitaire est déjà en soi une image de relation. Dieu est par nature relation. Ainsi, les relations entre nous ont également besoin d'un fondement spirituel, qui repose sur l'image juste de Dieu.

Si je veux accaparer Dieu contre les autres – *nous* croyons au vrai Dieu, mais les autres diluent totalement Dieu et l'homme –, je refuse la relation aux hommes qui ont du mal à croire. Je répartis les hommes en croyants et non-croyants et je me détache de la relation avec eux. Ce n'est sûrement pas la bonne voie.

Il y a encore un autre danger : certains, qui dissolvent l'image de Dieu dans l'a-personnel, n'affrontent pas leurs problèmes relationnels. Ils sont tellement passionnés par l'union à la divinité qu'ils transposent leurs problèmes relationnels sur un plan religieux. Or cela ne favorise pas les relations humaines.

Déjà dans l'Église primitive, il y eut une grande discussion autour de l'existence de la personne de

Dieu, marquée par la notion d'*hypostase*, qui évoque le fait de se tenir solidement, c'est-à-dire d'être enraciné en soi. Certains théologiens pensent que la notion de personne dans la Trinité est développée par Dieu et ensuite seulement reportée sur l'homme. Cela nécessiterait sans aucun doute une nouvelle discussion, non pas d'un point de vue purement philosophique, mais psychologique, mystique et existentiel. J'ai l'idée que cela ferait un bon sujet, mais je n'en ai pas encore le point de départ. Pourtant, il nous faudrait réfléchir de façon nouvelle à la question de la relation entre les hommes, de la relation que j'entretiens avec moi-même, avec les choses et avec Dieu. Ce ne serait pas là seulement une tâche théologique, mais une aide existentielle pour vivre les relations de façon authentique.

Il serait sûrement aussi du devoir des Églises de maintenir ouverte la verticale, c'est-à-dire le Ciel au-dessus de ce monde ou, concrètement, la question de Dieu. Je pense au livre célèbre d'Albert Biesinger, *Ces ados en quête de sens*[1]. Nous n'avons pas le droit de tromper le monde sur Dieu. Autrement dit, ce qui est le propre du christianisme ne doit pas être absorbé par le psychologique ou le sociologique. C'est notre devoir de laisser ouverte la question de la transcendance, de Dieu, même en un langage qui n'est pas d'emblée compréhensible. Tout l'art consiste à ne pas en faire un pur langage de ghetto, mais un langage qui soit intelligible et non accaparant. Peut-être pourrait-on dire : « Même ceux qui ne comprennent rien à la transcendance doivent sentir que le langage de notre

---

1. Albert Biesinger et Werner Tzscheetzsch, *Ces ados en quête de sens* (14ᵉ édition, 2007), Saint-Augustin, 2007.

foi évoque une aspiration qui les touche eux aussi. »
Notre langage doit donc pouvoir établir un lien avec
ces hommes et ces femmes, sans être le jargon habituel
de la presse. Car au niveau des journaux on ne peut
pas discuter de transcendance.

Dans la nuit de Pâques, nous célébrons à l'abbaye
trois heures d'office divin, de 22 h 45 à 1 h 45 du matin.
L'église est alors toujours pleine jusqu'à la dernière
chaise. Il n'y a pas de longue homélie, mais seulement
une brève exhortation ; tout le reste est liturgie : les
cierges, d'abord, puis les lectures, le silence et de nombreux rituels. Prendre son temps dans la célébration
est un mystère qui fascine les nombreux fidèles, sans
que l'on cherche à tout expliquer. Tenter d'expliquer
Pâques dans une homélie a toute sa raison d'être, mais
il est tout aussi important de célébrer une fois trois
heures sans une explication.

Moi, non-moi et image de Dieu

Les psychologues ont raison quand ils disent que
je dois d'abord renforcer le moi avant de pouvoir
lâcher prise. C. G. Jung pense que je dois passer du
je au moi, aller vers mon propre centre où je vivrai
alors ma vraie nature, mais ne serai plus égocentré ni
égocentrique. L'ego pense : « Je suis au centre et dois
faire mes preuves. » Le moi dit seulement : « J'ai le
droit d'exister, je suis. » Les mystiques ne disent pas
que le « je » doit disparaître, mais que le « je » a tendance à accaparer Dieu aussi pour soi. Dieu est alors
au service de mon ego. C'est un grand danger, et l'on
remarque souvent chez des êtres spirituels qu'ils se

servent de Dieu pour se placer eux-mêmes au-dessus des autres, gonflant ainsi leur moi. Lorsque quelqu'un emploie de grands mots pour dire que son ego est mort, je reste sceptique. Je connais des personnes qui, à force d'altruisme, ne sont même pas conscientes du fait qu'elles sont égocentriques et que leur moi est en réalité hypertrophié.

C. G. Jung parle du danger d'identification avec l'archétype. Lorsqu'on me demande : « Es-tu mystique ? », je réponds toujours : « Non. » Pour moi, la voie mystique est juste et j'essaie de la suivre, mais m'identifier à l'image du mystique est extrêmement dangereux, car alors je fais de moi un sujet intéressant, un sujet infaillible ou mystérieux, et je ne remarque même pas à quel point je projette sur moi toutes sortes de choses ou me charge de façon excessive.

À la revendication des bouddhistes qui veulent que le moi, la personne, disparaisse, j'apporterai une limite : le moi, cette structure du moi qui veut posséder, doit disparaître, mais pas la personne. Cette dissolution dans le « tout est un » me révulse, et je pense que cela contrevient aussi à la dignité humaine.

Les bouddhistes ont effectivement apporté au débat un aspect que nous devons prendre en considération. Les apologistes, qui sont fixés sur l'être de la personne de Dieu, ont parfois aussi des œillères. Dieu est personnel *et* supra-personnel. Nous devons supporter cette tension, et il est parfois tout à fait légitime que certains soulignent davantage l'a-personnel, le supra-personnel pendant un certain temps. Ils voient le Dieu comme Amour, qui est présent, et c'est aussi légitime. Déjà Romano Guardini parlait de la philosophie des contraires, et C. G. Jung de la polarité. C'est pour moi une loi fondamentale. Quand je considère une chose comme absolue, je falsifie la vérité. Dire : « Dieu n'est qu'énergie », c'est pour moi un nivellement. Selon la dogmatique, il faut soutenir la tension et laisser le mystère ouvert, garder ouverte l'aspiration au Tout-Autre. Dieu est parfois comme a-personnel, mais je ne peux pas le figer, car il est aussi l'Autre. J'en ai discuté très souvent avec des personnes qui ne parlent que du Dieu a-personnel. Cela m'indispose quand on ne considère la personne de Dieu que comme une concession aux pauvres gens qui en auraient encore besoin. Car cela n'est pas exact. Et l'on voit ici une fois de plus à quel point l'ego se gonfle à force d'a-personnel.

L'autre sujet qui m'occupe est celui de l'« image ». Je parle toujours d'image du soi et d'image de Dieu. Mais cela vaut pour tout. Au cours des séminaires de management, j'aime demander aux participantes et aux participants avec quelle image ils partent travailler le matin. De cette image dépend comment je me sentirai au cours de la journée. Pour une professeur qui part pour son travail avec l'image d'une dompteuse, la journée sera assez pénible. Une autre image est de répondre aux attentes des autres et de devoir toujours être parfait. Ou bien j'imagine que je ne suis pas dans la vérité et que je dois donc constamment réfléchir à ce que les autres pensent de moi. Ce sont là des images. Et avec quelle image, quelle idée allons-nous vers le monde ? Platon dit que la culture consiste à retrouver l'image divine et à la reconnaître dans la nature. Imaginer la nature en soi fait donc du bien. Nous produisons souvent aujourd'hui des images artificielles : beaucoup de maladies naissent des images négatives de soi ou des images mégalomanes qui ne correspondent pas à notre être. La question peut alors se poser : les images que nous formons sans Dieu sont-elles plus salutaires ? Correspondent-elles vraiment à notre nature ? Je souligne toujours que chaque être humain est une image unique que Dieu s'est faite de lui. La question devient alors : comment est-ce que je me rapproche de cette image ? Il ne m'est pas si facile de reconnaître l'image de Dieu. Le premier pas consiste à laisser de côté les autres images : celles des attentes des parents, de la société, les images de ma propre ambition, etc. Alors seulement je peux me demander à quoi ressemble cette image originelle et unique que Dieu s'est faite de moi. Lorsque je suis en accord avec moi-même, je peux me dire en confiance que je suis en contact avec l'image de Dieu en moi. La question « qui suis-je ? » mène, pour finir, toujours à la question « qui est Dieu ? ». Je ne peux finalement répondre à la question « qui suis-je ? » sans me poser la question de Dieu. C. G. Jung dit que je n'arrive pas au moi sans réaliser en moi l'image de Dieu. Finalement je peux dire qu'au fond du moi il y a quelque chose qui me dépasse, quelque chose que je ne peux saisir.

La psychologie des profondeurs et les textes bibliques

Ce qui m'a toujours fasciné chez C. G. Jung est sa manière d'interpréter les passages de la Bible, sur la base d'images archétypiques, figurant déjà dans l'âme de l'homme. Plus tard, j'ai alors lu avec enthousiasme les livres d'Eugen Drewermann, *Psychanalyse et Exégèse*[1], et son interprétation de l'évangile de Marc[2]. Cela m'a fasciné et m'a suggéré d'aborder les textes bibliques d'une manière nouvelle. À un moment donné, Drewermann est devenu très dogmatique, mais malgré tout, son approche m'a convaincu et je le trouve toujours aussi stimulant.

Drewermann est utile pour mon interprétation de la Bible, parce qu'il dit que la Bible est le récit d'événements, mais rapporté en images. Nous n'avons pas de film des récits de la Bible et ne pouvons pas en faire. C'est pourquoi je ne conteste pas ce qui s'est réellement (ou non) passé. Je ne voudrais pas contredire ceux qui s'attachent à une compréhension réaliste de la Bible, donc je dis : « Oui, c'est arrivé. » Mais la vraie question est ce que ces événements signifient pour nous aujourd'hui. Les disciples ont fait une expérience. Ils ont rencontré le Ressuscité, mais nous ne connaissons cette expérience que par des récits. Cela est et demeure donc un mystère. Nous croyons et confessons la résurrection de Jésus. Nous ne l'expliquons pas, nous ne la fixons pas non plus sur un film que l'on peut regarder. C'est une affaire de foi. Et seul celui qui croit peut comprendre la Résurrection et en vivre.

Les miracles de Jésus ne sont plus un gros problème pour moi aujourd'hui. Auparavant, l'exégèse essayait de distinguer le fait de l'image. Par exemple, à propos de Jésus marchant sur les eaux, on a pu dire que le lac était peu profond à cet endroit et que des pierres s'y

---

1. Eugen Drewermann, *Psychanalyse et Exégèse* (1985), Éd. du Seuil, 2 tomes, 2000 et 2001.
2. Id., *La Parole et l'Angoisse. Commentaire de l'évangile de Marc* (1989), Desclée de Brouwer, 2001.

trouvaient, sur lesquelles Jésus aurait sauté, donnant ainsi l'impression qu'il marchait sur les eaux. Mais c'est évidemment un non-sens. La marche sur les eaux en tant que telle a eu lieu ; mais ce qui s'est produit concrètement, je l'ignore. Les disciples ont fait une expérience et je ne conteste pas celui qui prend l'histoire biblique à la lettre. Je ne suis pas obligé d'accepter son point de vue, mais je dis : « Ce qui m'intéresse dans cette histoire, c'est uniquement ce qu'elle signifie *pour nous* – et je dois alors simplement parler en images. » C'est pourquoi certains pensent que j'édulcore ici quelque chose. Or un langage imagé n'édulcore pas l'événement, mais l'ouvre seulement pour nous aujourd'hui.

Les Pères de l'Église déjà interprétèrent la Bible de façon imagée. En définitive, une interprétation imagée s'apparente toujours aussi à l'interprétation psychanalytique. Il est important pour moi de penser en images, et puis de faire des associations d'idées. Je suis conscient que c'est un texte spirituel, un produit de l'esprit, qu'il s'agit de la rencontre avec Dieu et avec le Christ et qu'il ne s'agit pas de réduire la Bible à la psychologie. Mon objectif est de relier la psychologie à la spiritualité. La psychologie me montre ma vérité, et je dois présenter à Dieu cette vérité dans la spiritualité. Certaines personnes, par exemple, prient Dieu lorsqu'elles sont angoissées, afin qu'Il leur ôte cette angoisse. Et elles finissent par se lamenter d'avoir tant prié dans cette intention, car l'angoisse est toujours là. L'angoisse demeure malgré la prière, parce que ces personnes ne l'affrontent pas, mais veulent seulement s'en débarrasser. Ma voie, la voie thérapeutique, est la suivante : tout peut exister, la peur peut exister. Je ne dois pas la refouler, mais voir avec Dieu quelle est la cause de mon angoisse. Est-ce que j'attends trop de moi-même ? Est-ce que j'éprouve le besoin d'être parfait, d'être comme ci ou comme ça ?

La peur a un sens. Tout ce qui me pose problème me montre que j'ai peut-être une fausse image de moi. Or, certains ne veulent pas travailler à l'image qu'ils ont d'eux-mêmes, mais veulent se débarrasser des symptômes et utilisent Dieu à cette fin. Mais à vrai dire, la guérison est différente ; même dans la Bible, il n'y a pas guérison parce que Jésus supprimerait la maladie tel un magicien. La guérison se produit toujours dans la rencontre. Et la rencontre signifie que je dois présenter toute la vérité. La psychologie constitue une aide pour moi en ce sens : elle me dévoile la vérité. Or la rencontre se fait avec le Christ, et ce n'est pas un processus purement psychique, mais une rencontre et une expérience spirituelles.

La confiance fondamentale

C'est dans l'enfance que sont posées les bases de la confiance fondamentale. Cela étant, la confiance a deux aspects différents : celle qui vient de la mère, c'est-à-dire la confiance fondamentale d'être bienvenu sur la terre, d'être porté et protégé, et la confiance paternelle. Le père a pour tâche de renforcer notre colonne vertébrale, pour que nous partions dans le monde, que nous prenions notre vie en mains et prenions des risques. Les deux pôles vont de pair, le pôle paternel et le pôle maternel. Il ne s'agit pas d'évaluation, mais également de deux aspects venant de Dieu : Dieu qui offre sa protection, mais aussi Dieu qui nous envoie dans le monde et nous encourage à laisser derrière nous ce qui nous est familier. Aujourd'hui, chez beaucoup de personnes, le besoin de protection et de racines est plus grand que celui de partir. C'est légitime, mais cela ne doit pas être le seul besoin, sinon la religion deviendrait un cocon.

Concernant la confiance fondamentale, beaucoup sont assurément défavorisés par leur enfance, mais il serait faux de dire qu'ils ne développeront jamais une véritable confiance en Dieu. Dieu merci, en chaque homme existe l'aspiration à la confiance. Et dans cette aspiration à la confiance repose déjà la confiance même. Sur ce point encore, C. G. Jung apporte une aide. D'après lui, à l'expérience concrète de la mère et du père s'ajoute aussi l'image archétypique de la mère et du père en moi : ce qu'est une mère, ce qu'est un père, mon âme le sait par elle-même. La qualité paternelle et la qualité maternelle sont en moi. Il existe par ailleurs d'autres expériences maternelles et paternelles. La mère terre, par exemple. Je demande toujours à ceux qui me parlent de leur enfance difficile s'ils n'ont pas connu quand même des situations où ils se sont sentis protégés et qu'ils auraient pu oublier. Certains évoquent alors leurs grands-parents, auprès de qui ils ont vécu un sentiment de cet ordre, et d'autres parlent de la nature. Pour ces derniers, se trouver en forêt ou simplement être étendu dans un pré a constitué une expérience importante. Là, ils se sont sentis protégés. Ce sont là des expériences de grâce, comme lorsque quelqu'un se sent soudain protégé dans une église ou se sent comme porté par Dieu dans la nature. Il y a aussi des enfants qui n'ont reçu aucune éducation religieuse et qui, pourtant, développent soudain un sens religieux et veulent d'eux-mêmes se rendre dans une église. Même l'expérience d'un manque peut ainsi conduire à une aspiration. On ne peut donc pas dire : seul celui qui a eu une enfance heureuse peut avoir la foi. Ce serait ne pas tenir compte d'un grand nombre de personnes. Mais il est évident que la confiance en Dieu peut toujours connaître une fêlure, lorsque manque l'expérience humaine de la confiance.

Lors d'un cours, un homme m'a raconté qu'il n'avait trouvé le chemin de la foi qu'à l'âge de 30 ans, parce que son père était très anticlérical et antireligieux. Le père réagissait avec beaucoup d'agressivité à tout ce qui touchait à l'Église et à la foi. Le jeune homme se sentait tiraillé entre deux pôles : d'un côté, il était fasciné par tout ce qui est religieux, mais d'un autre côté, il était assailli périodiquement par de grands doutes. C'étaient les doutes du père qui le tourmentaient. Je lui ai dit qu'il n'avait rien à prouver. Certes, les doutes l'accompagneraient toujours, mais il pouvait se dire : « Bon, je doute, mais je n'écouterai pas mon père et ne vais pas me justifier à ses yeux. » L'éternel « j'ai raison et tu as tort » ne mène à rien. Je lui ai conseillé d'aller s'asseoir dans une église ou dans la nature, ou ailleurs, de se laisser porter de se dire : « Oui, les doutes sont là, et si je fais à présent cette expérience, le doute ne va pas pour autant être surmonté ; mais je suis tout de même porté et je sens, je sais au plus profond : oui, c'est vrai. Demain le doute reviendra, et à l'avenir aussi. Mais je n'ai pas à en avoir peur, car il me garde vivant. Je suis content d'avoir la foi, mais je sais que le doute me garde vivant. Il n'y a aucune garantie que j'aie toujours la foi. »

3

La prière

L A prière est pour moi un sujet important. J'entends très souvent lors de nombreux entretiens que les gens sont incapables de prier. Karl Rahner a écrit un beau livre intitulé : *De la difficulté et de la bénédiction de la prière*[1].

Dans l'Ordre, nous connaissons différentes formes de prière. La prière commune, en particulier la prière au chœur, dans laquelle nous prions chaque semaine les cent cinquante psaumes. La prière des psaumes est pour moi une prière qui ne cesse de me lancer un nouveau défi. Je n'en ai jamais fini. Beaucoup se demandent comment on peut prier à partir du texte ancien des psaumes. Or ce sont pour moi aussi des poèmes, qui expriment l'aspiration de notre âme et m'ouvrent aux autres, parce qu'il y est question des difficultés fondamentales des hommes. Je ne peux prier les psaumes sans me sentir relié aux autres hommes.

Il y a aussi pour moi la prière personnelle, au cours de laquelle, assis devant Dieu, je présente à Dieu ma personne et ma vérité sans me protéger. La prière comme rencontre avec Dieu qui me transforme, et la

---

1. Karl Rahner, *Von der Not und dem Segen des Gebetes* (1949), trad. : *Prière de notre temps*, Éd. de l'Épi, 1966.

prière qui me conduit au silence, à cet espace intérieur où Dieu habite en moi.

En 1969 j'ai commencé la méditation zen et l'ai pratiquée six à sept ans. Puis j'ai repris la prière de Jésus de l'Église d'Orient et des Pères du désert. Aujourd'hui, je suis assis exactement comme pour la pratique du zen, mais je relie ma respiration à la prière de Jésus. Après la prière au chœur, nous avons vingt-cinq minutes pour cela. Ainsi, je médite chaque jour avec la prière de Jésus. J'ai pour ce faire dans ma cellule un coin prière avec une icône du Christ. J'allume les bougies devant l'icône et je m'assois sur le petit banc, attentif à ma respiration. À l'inspiration : « Seigneur Jésus-Christ », et à l'expiration : « Fils de Dieu, prends pitié de moi ! »

Entre la prière et la méditation, il existe pour moi une certaine tension : les deux vont de pair et chacune est toutefois différente : la méditation est davantage une méthode. C'est pour moi un bon moyen de me recueillir, de me laisser conduire à l'espace de silence et à me laisser de plus en plus pénétrer par l'esprit de Jésus. Mais à côté de cette forme claire de méditation, il faut aussi la prière dans laquelle je n'applique aucune méthode, mais suis sans protection devant Dieu, vers qui tout peut monter. Dans la méditation, on essaie de ne pas se soucier de ses pensées, mais seulement de descendre au fond de son âme, dans cet espace de silence. Ce moyen a son importance, mais il faut aussi l'autre élément, ce qui est personnel, dans lequel je peux exprimer ce qui me touche, soit en paroles soit en laissant simplement les choses monter vers Dieu.

Je remarque chez certains hommes, pour qui seule la méditation a un sens, qu'ils répriment parfois quelque chose et pensent pouvoir tout résoudre par

la méditation. Mais il est important aussi de regarder
les pensées qui viennent, les angoisses et les soucis,
d'en parler avec Dieu et de les lui présenter. Une
telle rencontre est pour moi un aspect important de
la prière, même si cela ne doit pas se faire exclusivement par des paroles. Lors de mes sessions, je fais
parfois faire cet exercice – que je pratique moi-même
aussi : je demande à chacun d'aller une demi-heure
dans sa chambre et de parler à Dieu à haute voix. Ce
n'est pas si facile de parler à Dieu à haute voix. Les
autres ne m'entendent pas, mais j'entends ma voix et
je remarque à quel point tout ce que je dis est formel.
Surgit alors une question : je parle de moi à Dieu,
mais ma représentation de Dieu et la façon dont je
lui parle de moi sont-elles authentiques ? Est-ce que
ce ne sont que des formules vides et des clichés, ou
bien est-ce que je dis ce qui me touche vraiment ? En
entendant mes propres paroles, je suis obligé d'être
sincère. Je ne peux prononcer des formules et des
paroles pieuses, mais je dois exprimer ma vérité. C'est
là un véritable défi.

Difficultés de la prière

Je ne peux faire l'expérience du face-à-face avec Dieu
aussi facilement que celle d'un face-à-face avec un être
humain. Un dialogue avec un être humain est différent,
et nous ne devons pas concevoir aussi naïvement le
face-à-face avec Dieu. Il y a des hommes qui parlent
de leur prière comme s'ils pouvaient se mettre Dieu
dans la poche. Ils savent exactement qui est Dieu, ce
qu'il pense et ce qu'il leur dit. C'est sûrement un cas

extrême. Mais où suis-je face à ce Dieu insaisissable qui embrasse le monde entier ? Est-ce que je parle à un mur nu ou bien y a-t-il effectivement un « tu » qui me regarde ? Je n'imagine pas Dieu concrètement, comme un vieil homme ou autre ; et pourtant, il est pour moi un « tu ». Il est Amour avec un centre personnel, un « tu » dont je pense qu'il a une autre dimension.

Nous, les hommes, nous avons besoin de dialoguer, d'échanger avec un vis-à-vis, comme nous avons besoin de nourriture pour vivre. Or, entre les hommes aussi, la culture du dialogue s'est perdue en bien des domaines. Quand je regarde un débat à la télévision, plusieurs personnes discutent d'un sujet, mais aucune vraie rencontre n'a lieu. Chacun se contente de dérouler son programme. Ainsi nous avons besoin non seulement d'une nouvelle culture de la prière, mais aussi du dialogue interpersonnel.

Je connais la peine qu'éprouvent beaucoup de personnes à prier. C'est pourquoi je ne peux me contenter de dire : « Imagine simplement que tu es face à un "tu", et alors tu pourras lui parler tout à fait normalement, comme tu le fais avec un autre homme. » Certains y parviennent peut-être ; mais souvent, Dieu nous échappe dans la prière, de sorte que nous croyons parler à un mur. Dans cette situation, je peux toutefois réciter les paroles de la Bible : « Si tu passes par le feu, tu ne souffriras pas, et la flamme ne te brûlera pas » (Isaïe 43, 2). Dans ces paroles, je sens qu'un « tu » me parle, depuis ce mur nu. Et je me sens interpellé, concerné personnellement. Dans ces paroles je devine quelque chose de la personne de Dieu. Et quand je médite profondément et personnellement cette Parole que prononce ce Dieu mystérieux, il vient à ma rencontre.

Dans la parole est toujours présente la personne qui parle. *Personare* signifie « retentir ». Les paroles que je médite résonnent du cœur de Dieu jusqu'à moi. Ainsi les paroles sont toujours en lien avec la représentation d'un « tu ». Mais ce « tu » ne cesse d'échapper à notre mainmise. J'en connais qui disent sur un ton un peu trop euphorique et naïf : « Je me suis empressé d'en parler à Dieu. » Ils savent très exactement ce que Dieu leur a répondu. On a l'impression qu'il leur suffit d'interpeller Dieu comme ils le feraient pour un être humain. Mais cela ne correspond ni à mon expérience ni à la peine qu'ont tant d'hommes à prier. Je tiens donc à rester sincère vis-à-vis de moi-même et de ceux qui luttent pour savoir prier, à les assister dans leurs difficultés et à les aider à présenter leur vie à Dieu dans la prière.

Est-ce pure imagination quand je prie Dieu ? Est-ce que j'imagine Dieu pour pouvoir calmer mes nerfs et pour aller mieux ? Si je vais jusqu'au bout de ce que j'imagine, au bout de cette idée que tout n'est qu'imagination et que même Dieu n'est qu'une hypothèse, quelle est la conséquence ? Cela ne mène à rien. De même, tout ce que nous pensons de la réalité n'est qu'imagination. Et en physique moderne, on voit que la distinction entre matière, énergie et lumière n'est qu'un schéma mental et que nous ne pouvons même plus faire l'expérience « objective » de la réalité. Lorsqu'en pensée, je vais au bout de tout cela, le sentiment se fait jour en moi qu'il est absurde de ne plus pouvoir rien reconnaître ni se fier à sa pensée. Mais avant que je me dise : « Oui, tout est absurde, et nous ne faisons que tâtonner dans le noir », un autre sentiment monte en moi – et non pas en haut dans la tête, mais plutôt en profondeur, au niveau du ventre : « Non, je m'en remets à la foi et à la prière, je me fie à la Bible, à saint Augustin, à sainte Thérèse d'Ávila, à saint Anselme et à leur expérience. » Je mise sur cette carte-là. C'est aussi une décision. La prière sera toujours attaquée ; et de même que la foi est attaquée par le doute, la prière est remise en question par le doute et dévalorisée comme étant imaginaire. Or tout *n'est qu'*imagination. D'où la question : quelles images avons-nous en nous et d'où viennent-elles ? Si j'écarte l'image de Dieu, les images sont-elles plus salutaires et correspondent-elles davantage à ma réalité ?

Les effets de la prière

Les moines du 1er siècle disaient : nous sommes allés dans le désert parce que le désert est le lieu des démons, là où règnent les plus grandes ténèbres. Nous y avons combattu les ténèbres et elles y sont devenues un peu plus claires. De nos jours, on parle de champs d'énergie ou de champs morphogénétiques, et cela s'explique parfaitement. Beaucoup pensent que la prière d'intercession est vaine, car Dieu ne se laisse pas toucher et fait ce qu'il veut.

Selon une tendance ésotérique, on essaie aujourd'hui de justifier ainsi l'effet de la prière : la prière crée des vibrations et les vibrations transforment le monde. Mais on peut aussi dire du point de vue de la psychologie : « Si je prie pour quelqu'un, j'ai plus d'espoir pour lui et je peux entrer en contact avec lui d'une autre manière. » Et la rencontre se passe autrement. C'est

aussi une interprétation de *ora et labora*, « prie et travaille ». La prière transforme le travail et les rencontres
humaines. Prier me pousse à travailler, mais me rend
serein parce que le travail est sous la bénédiction de
Dieu. Je pense que les effets psychologiques ou phy-
siques indiquent que la prière n'est pas uniquement
imaginaire. Naturellement je ne dois pas réduire la
prière à ses effets psychologiques. Il se crée là une
nouvelle tension entre la gratuité de la prière et le
besoin de comprendre l'effet de la prière. Cette tension
existe aussi chez C. G. Jung : je n'irai pas jusqu'à dire
que, dans le cheminement spirituel, seul importe le
devenir personnel, mais quand je m'en remets à Dieu,
cela a toujours à voir avec moi. Tout ce que nous
faisons est partie prenante de notre psychisme. Notre
cheminement spirituel, lui aussi, a quelque chose à
voir avec notre psychisme et nous ne pouvons rien
en retrancher. Tout cheminement religieux est une
rencontre avec Dieu, ce qui signifie qu'il ne cesse de
me transformer.

4

L'Église

LE philosophe juif et fondateur de l'école de Francfort, Max Horkheimer, disait justement que les Églises et les religions, avec leurs rituels et leurs dogmes, avaient pour tâche de tenir éveillée l'aspiration au Tout-Autre dans la société, afin que l'homme ne soit pas accaparé par la politique et par l'économie. Les Églises ont pour tâche de veiller au sacré dans le monde et en l'homme, car il s'y trouve encore quelque chose qui ne peut être confisqué. Elles rendraient ainsi un grand service à la société. Car, sans l'aspiration au Tout-Autre, la société serait facilement autoritaire, cherchant à disposer de l'homme.

Cela me fait toujours mal lorsque les Églises moralisent trop et disent que le monde est sans Dieu et qu'il nous faut avoir la foi. Cela n'apporte rien aux gens. Comment puis-je leur montrer, dans ce monde sécularisé, que la religion est un chemin de libération ? La religion m'empêche d'être confisqué et déterminé par l'État et l'économie. Elle me montre que ma dignité est intouchable, qu'il existe en moi quelque chose sur quoi le monde n'a pas de prise. De plus, la question de Dieu doit rester ouverte. Cela ouvre aussi la société à une autre dimension. S'il n'y a plus de Dieu, la

société se délite véritablement ou les puissants tentent
de tout accaparer.

Souci de l'Église,
mais encore plus souci des hommes

Il y a peu, j'étais à Berlin-Pankow[1]. Le curé m'avait
déjà prévenu qu'il était très difficile à Berlin de mobi-
liser du monde pour des conférences, car la ville était
vraiment sécularisée. Il a été très heureux de voir
l'église pleine à craquer, jusqu'à la tribune. Quand
je vais dans l'est de l'Allemagne, je suis effrayé de
constater que 80 % des gens ne sont pas baptisés et
que l'esprit chrétien n'est plus une force prégnante.
Dieu merci, les bâtiments ecclésiaux existent toujours
et je crois que les églises restent au cœur des villes
les témoins muets d'un autre monde. Mais si nous
saisissons l'occasion de faire de nouveau de ces églises
des lieux d'expérience religieuse, la foi pourra jouer
un rôle important dans notre société sécularisée.

Nous ne pouvons plus miser sur la quantité, et
l'Église du peuple est assurément entrée en crise. Il est
d'autant plus important que les communautés parois-
siales soient vivantes et créatives pour porter témoi-
gnage. Même à l'est de l'Allemagne, les prémices sont
prometteuses ; à Erfurt, par exemple, les célébrations
de Noël pour non-chrétiens et autres offres d'éveil à
la foi rencontrent beaucoup de succès. Manifestement,
les hommes ont là-bas aussi une aspiration spirituelle,
et la question se pose de savoir comment y répondre,

---

1. Pankow est un quartier de Berlin. Avant la réunification, il était
sur le territoire de la République démocratique d'Allemagne.

sans niveler le christianisme et sans placer pour autant
la barre trop haut.

Ma conférence à Berlin-Pankow fut suivie d'un grand
silence. C'était très étonnant. Un silence merveilleux.
Les questions que l'on me posa ensuite furent toutes
très personnelles. Dans d'autres lieux de l'ex-Allemagne
de l'Est, j'ai aussi perçu une grande sincérité dans les
questions portant sur le rapport à soi ou sur la façon
d'entrer dans l'espace de silence en dépit du mécon-
tentement et de la jalousie.

Il y quelque temps, j'étais à Suhl. C'était autrefois
une ville rouge. Le curé avait déplacé ma conférence
de l'église au Palais des congrès, dans lequel jouent
les musiciens de l'orchestre philharmonique. La salle
de six cents places était comble et toutes les personnes
intéressées n'ont pu entrer. Les questions posées témoi-
gnaient que beaucoup n'avaient pas la foi. Le fait qu'ils
veuillent tout de même entendre ce que j'avais à dire
vient de ce que je m'efforce d'exprimer, à partir de
ma foi, ce qui est important pour moi et donne un
sens à ma vie, et de ce que je tente de le faire dans un
langage ouvert, pour que les gens puissent le relier à
leurs propres expériences.

Je suis déjà allé trois fois à Meissen. Un jeune couple
y organise mes conférences ; elles n'ont pas lieu dans
une église, mais dans le cadre du théâtre public, et
toujours à guichets fermés.

Dans l'ex-Allemagne de l'Est en particulier, je
retrouve deux groupes d'auditeurs : d'une part ceux
qui sont ouverts ; d'autre part des chrétiens plutôt
anxieux et qui interprètent la foi de façon trop étroite.
L'un m'a reproché un jour de donner une interprétation
trop psychologique de la résurrection de Jésus. Nous

devrions simplement croire que Jésus est ressuscité, et
celui qui le croit a la vie éternelle. Je lui ai dit : « Oui,
c'est vrai. Jésus est effectivement ressuscité. Mais la
question est celle-ci : qu'est-ce que cela signifie pour
nous et comment puis-je l'expliquer ? » Dans ce genre
de situation, je constate à quel point beaucoup de
personnes ont une foi complètement étriquée. Naturellement, il est important pour leur identité de formuler leur foi encore plus clairement dans le contexte
d'une conférence comme celles que je donne. Mais
pour moi, la clarté importe autant que l'ouverture. Si
je me contente de dire : « Si tu ne crois pas, tu peux
rentrer chez toi ! », alors je crée surtout la division.
Quelques-uns se sentiront renforcés dans leur foi, mais
les autres diront : « La foi est un monde qui m'est
étranger. » Or, pour moi, l'art consiste à décrire les
mystères chrétiens de façon que les hommes constatent
que cela correspond à leur aspiration la plus profonde.
Ils ne deviendront sûrement pas chrétiens tout de
suite, mais beaucoup m'ont écrit que ma conférence
avait été l'occasion pour eux de se remettre sur le
chemin de la foi.

Lors de mes conférences en entreprise ou lorsque
j'écris dans des revues un article à destination des
femmes qui ne sont pas très pieuses, je fais ce genre
d'expériences. Dans *Tout pour la femme*[1], j'écris chaque
semaine une petite colonne et je reçois deux types de
courriers. D'une part, celui de personnes qui demandent : où est donc l'Évangile dans tout ça ? Ces

---

1. *Alles für die Frau* (« Tout pour la femme ») est un hebdomadaire
allemand du groupe Bauer, dont la rédaction est à Hambourg.

personnes attendent que je témoigne aussi de Jésus-Christ, même dans une revue profane comme celle-ci. Mais je reçois d'autre part du courrier de personnes reconnaissantes de ce que l'article les ait touchées. Ces lectrices ne sont pas des chrétiennes typiques, mais six cent mille femmes qui n'achètent le magazine que pour se distraire, ce qui ne les empêche toutefois pas de réfléchir. Et cela est important à mes yeux. Comment l'Église peut-elle trouver un langage qui ne se borne pas à des lamentations sur l'athéisme du monde, mais touche les hommes et les ouvre à Dieu en douceur et les ramène au chemin de la foi ? J'en ai parlé récemment avec notre père abbé. Dans les milieux catholiques, nous nous contentons de célébrer l'Eucharistie. Cela est important pour moi et c'est le centre de notre action liturgique, mais nous avons besoin aussi d'autres formes de célébrations. Nous pouvons, par exemple, faire des célébrations du soir liées aux saisons, sans eucharistie mais avec plus de rituels, de gestes et de belle musique. Le cinquième dimanche de Carême, cette année, j'ai animé une prière pénitentielle, dont nous avions expliqué le concept dans l'entrefilet d'un petit article de journal. L'objectif de cette prière n'était pas tant l'homélie que l'expérience du pardon et des rituels. Onze cents personnes sont venues et l'église était bondée. Toutes les stalles du chœur étaient déjà occupées lorsque les moines sont arrivés en procession. Il y a donc manifestement un besoin spirituel. Je voudrais le réveiller, c'est pourquoi je ne voudrais pas réagir seulement passivement et me lamenter, mais voir la situation telle qu'elle est et réagir avec imagination et dans l'espérance. La situation est parfois effrayante, mais aussi quel défi elle représente pour nous !

Les protestants

Je me réjouis d'être souvent invité dans l'Église protestante. Je trouve les chrétiens évangéliques en général très ouverts ; et je ressens leur recherche profonde d'une bonne spiritualité. J'ai le sentiment qu'ils me comprennent et pensent tout à fait comme moi. Je viens évidemment d'un milieu catholique et ne cherche pas à le nier non plus. Mais ma théologie est interconfessionnelle. Je pourrais aussi bien dire qu'elle remonte à la spiritualité chrétienne telle qu'elle a été vécue aux premiers siècles, soit bien avant le schisme. J'essaie de n'exclure personne dans ma théologie. Je ne suis pas non plus obligé de prouver que nous, catholiques, avons raison et les autres non. Il s'agit de laisser se côtoyer les diverses expériences et de chercher ensemble la vérité, qui nous dépasse toujours.

Je constate que les protestants sont très ouverts et prêts à penser de façon nouvelle. Mais je rencontre aussi bien souvent du scepticisme quand je parle d'un espace intérieur. Quand je dis que là où le Christ est en nous, le noyau le plus profond est pur, non infesté par la culpabilité, j'entends souvent la critique : « Mais l'homme est entièrement perverti, et ce depuis l'enfance ! » Souvent, ils se réclament de saint Paul. J'essaie alors de dire que Paul parle également de l'Esprit qui habite en l'homme, et là où est l'Esprit, il n'est point d'esprit malfaisant. Sur ce sujet, je rencontre donc parfois une vision très pessimiste de l'homme, qui ne correspond ni à la Genèse ni à l'expérience de saint Paul. C'est pourquoi certains estiment que je mets trop peu en avant le mauvais. Pourtant, j'ai écrit un livre dans les années 1980 sur le thème du mal et des démons[1]. Parmi les chrétiens évangéliques, beaucoup de personnes lisent mes ouvrages et sont d'accord avec mes idées, parce qu'elles sentent qu'elles viennent de l'antique tradition chrétienne. Mais d'autres m'attaquent parfois sur un ton acerbe. Elles se focalisent sur mes livres traitant de la rédemption et ont elles-mêmes une idée souvent sans nuances du mystère de la rédemption. Elles refusent mon dialogue avec la psychologie en arguant que je réduirais la théologie à la psychologie et donnerais dans l'ésotérisme. Lors du rassemblement de l'Église protestante allemande *[Kirchentag]* à Hanovre – c'est la première fois que cela se produisait –, lors de travaux portant sur la Bible, j'ai vu des affiches me mettant en cause. Il y était dit que l'on devrait retirer la parole au pieux magicien, au magicien vert, sous peine qu'il colle les paupières de ses auditeurs... J'ai réfléchi à l'angoisse ce que cela devait cacher. Sinon, je n'ai eu aucun problème avec les protestants. Je me trouvais récemment à Berlin-Pankow, dans l'église évangélique de l'Espérance, où j'ai eu des échanges avec les pasteurs. Et je me suis senti en phase avec eux, sur la même longueur d'ondes. Je m'en réjouis.

Le fondamentalisme

Le fondamentalisme aujourd'hui, dans l'Église catholique comme dans l'Église protestante, ne vient pas du haut, mais plutôt du bas, et pour moi cela va de pair avec la peur. Peur et étroitesse, angoisse et incertitude

---

1. *Aux prises avec le mal. Le combat contre les démons dans le monachisme des origines* (1980), Abbaye de Bellefontaine, 1997.

sont souvent compensées par une soif de pouvoir. On fait alors un mauvais usage de sa piété pour utiliser Dieu à ses propres fins. Finalement, on veut une confirmation de Dieu. On ne veut pas rencontrer Dieu et se laisser remettre en question par Lui, mais on l'utilise pour se justifier, pour ne pas avoir à se transformer, se trouvant bien comme on est. C'est aussi une forme d'autojustification : on se trouve bien et les autres pas. Je remarque chez les fondamentalistes qu'il y a toujours une misère intérieure, parce qu'ils n'ont souvent pas de centre et, finalement, ont peur d'eux-mêmes et de leur chaos intérieur.

Il m'est arrivé d'accompagner spirituellement un homme qui avait une mentalité très fondamentaliste. L'accompagnement révéla qu'enfant, il avait eu peur de s'effondrer. Son père était constamment ailleurs et sa mère n'avait pas la force de le soutenir. Il a dominé sa peur de sombrer en se crispant au maximum. La seule chose que je puisse faire est d'essayer de le rassurer un peu pour qu'il se dégage lentement du corset qui l'entrave. Mon expérience est que les hommes qui n'ont pas de centre oscillent très souvent entre le rigorisme et le laxisme. Cela explique que les fondamentalistes sont très souvent rigoureux, tout en ayant une autre face tout à fait laxiste, par exemple en ayant des problèmes d'alcool. Ou alors, ils peuvent se montrer pendant un temps très rigoureux, pour finir par tout laisser-aller à vau-l'eau et tomber dans l'excès inverse. Il faudrait, pour bien faire, les ramener à leur centre, pour qu'ils entrent en contact avec leur être. Et quand on entre en contact avec soi-même, on n'a besoin ni du fondamentalisme ni, à l'autre extrême, d'un libéralisme sans limites.

Critiques envers l'Église

Lors des discussions qui suivent mes conférences, il y a de temps à autre des questions critiques concernant l'Église et son histoire. Parfois, ces questions révèlent des sujets proprement personnels ; j'essaie donc toujours de les relativiser. Elles cachent souvent l'aspiration à une Église pure. Les erreurs de l'Église deviennent un alibi pour ne plus devoir se confronter aux questions personnelles.

Je ne peux réfuter les reproches faits à l'Église au cours de son histoire. Le passé est ce qu'il est, et l'Église a fait beaucoup de tort. Mais la question est de savoir comment nous allons nous comporter ici et maintenant les uns envers les autres et d'où cela provient-il que, à toutes les époques jusqu'à nos jours et dans toutes les religions, le pouvoir soit mêlé à la spiritualité. L'Église a assez souvent été confrontée à ce problème, et aujourd'hui elle n'est pas une Église sainte, mais une Église mélangée. J'essaie de l'accepter et je ne veux pas tomber dans les récriminations contre elle, car cela ne mène à rien et n'est souvent qu'un alibi.

Comment voulons-nous vivre notre foi aujourd'hui ? J'ai conscience que je ne suis pas parfait, et les évêques ne le sont pas non plus. Mais je n'aime pas parler des autres et porter un jugement sur eux. Je peux seulement parler de tendances. Il y a toujours eu, dans l'Église, des tendances, des efforts et des formes de spiritualité qui étaient salutaires, et des tendances qui rendaient malade. Mais je ne juge jamais les personnes, parce que je les connais trop peu. Je ne le fais pas, non seulement pour les dignitaires ecclésiastiques, mais aussi pour les autres humains. On me demande souvent ce que je pense d'hommes tels que Joseph Ackermann et Klaus Zumwinkel[1]. Ma réponse est celle-ci : « Je ne connais pas vraiment ces personnes, c'est pourquoi je ne dirai rien à leur sujet. »

L'Église populaire

Nous devrions moins nous soucier aujourd'hui de voir les Églises grandir de nouveau, de voir croître le nombre de leurs fidèles, que de faire en sorte que l'Église soit présente et que sa voix s'élève pour tous dans le monde, afin que les enjôleurs ne réussissent pas à capter l'aspiration des hommes en les manipulant. Pour cela, il faut une théologie et une spiritualité saines, et je pense que les deux Églises ont au fond une saine spiritualité. Assumer la responsabilité du monde est pour moi la tâche essentielle des Églises.

Dans les milieux catholiques, des communautés religieuses nouvelles connaissent un essor important. Aujourd'hui, plutôt que voir tout en noir ou blanc, il faut repérer où sont les besoins justifiés des hommes et où se tapissent les dangers. Le danger est particulièrement grand là où l'on croit tout savoir et où l'on s'estime par conséquent supérieur aux autres. On vit avec des œillères et on réagit avec agressivité lorsque quelqu'un sort du cadre. Ainsi, par exemple, certaines personnes croient que l'homéopathie est diabolique. Pour elles, tout devient subitement démoniaque. Mais cette fixation, qui flaire partout des démons, est une forme de peur.

---

1. Josef Ackermann a été président de la Deutsche Bank et condamné pour une affaire financière. Klaus Zumwinkel, ancien patron de la Deutsche Post, a été condamné pour fraude fiscale.

Les Églises populaires [*Volkskirchen*][1] courent sans cesse le risque de se diluer, tandis que les Églises libres ou les communautés nouvelles ont un profil beaucoup plus défini. Ces dernières attirent surtout les jeunes, ce qui a assurément son importance. Mais ce qui me préoccupe, c'est la façon dont nous pouvons au sein de l'Église relier les limites et la clarté avec l'ouverture et la liberté.

Lorsque l'Église devint celle de la nation, les premiers moines émigrèrent pour vivre une foi radicale. Dans cette émigration des peuples, pour saint Benoît, tout comme plus tard pour saint François et saint Dominique, l'objectif était de pouvoir vivre sa foi. À l'époque, ce fut la réponse à une aspiration essentielle. Lorsque l'on vit dans une communauté rattachée à un ordre religieux, on ne peut pas vivre sous l'empire d'une idéologie. C'est en tout cas ce que nous expérimentons chez nous. On peut témoigner d'une idéologie progressiste ou d'une idéologie conservatrice. Mais lorsqu'on se retranche derrière une idéologie, on se montre incapable de relations. C'est pourquoi aucun idéologue ne peut se maintenir dans une communauté, parce que l'on est obligé de s'y montrer avec ses défauts et ses faiblesses. Il existe sûrement des communautés très conservatrices ayant un caractère idéologique, mais la plupart du temps, elles connaissent des dissensions

---

1. Église populaire [*Volkskirche*] : cette appellation renvoie à la tradition allemande et protestante, notamment à Friedrich Schleiermacher et Ernst Troeltsch. Le premier définissait la *Volkskirche* comme une Église qui serait le siège de la liberté individuelle, face à la *Staatskirche*, « l'Église d'État ». Aujourd'hui, l'expression renvoie, en Allemagne, aux Églises concordataires (catholique ou protestante d'Allemagne), en opposition aux Églises libres de toute attache avec l'État.

quand elles n'ont plus d'ennemi commun. Pour pouvoir vivre et durer en communauté, tous les ordres religieux ont gagné en clarté ; leur radicalité n'est pas celle, obstinée, de l'idéologie, mais une radicalité de foi et de vie commune. Les ordres ont donc aujourd'hui une tâche importante, car l'Église aussi fait face au problème de l'incapacité relationnelle dans les familles, dans les couples et également dans les paroisses. Les combats ne manquent pas. Et montrer combien nous pouvons vivre réconciliés les uns avec les autres, tel est le défi pour les ordres religieux.

La dogmatique catholique

Je ne suis jamais entré en conflit avec l'Église. Les évêques m'estiment et m'invitent souvent, comme le fit encore, il y a peu, la Conférence des évêques d'Italie. Ayant un doctorat en dogmatique, je sais ce qu'est la dogmatique catholique, ce que l'on peut dire et ne pas dire. Sans vouloir chercher à m'adapter, la dogmatique est pour moi l'art d'ouvrir aux hommes le mystère de la foi. Donc chaque fois que je dis : « Jésus n'est qu'un homme, même si c'est un homme extrêmement doué », je le rabaisse. La dogmatique est pour moi l'art de garder le mystère ouvert en un langage paradoxal. Cela signifie aussi que rien n'est fixé, mais qu'il faut toujours chercher comment comprendre une affirmation de la Bible ou de la Tradition. Un dogme n'est pas à comprendre comme un point final, mais comme le défi de rendre l'inintelligible intelligible en des termes toujours nouveaux. Je m'y efforce dans mon langage. J'essaie de comprendre les dogmes, mais non d'établir de nouveaux dogmes. Je ne rejette aucun dogme. Je ne rejette rien non plus de l'Écriture sainte et rien de la Tradition. Mais je pose la question : comment peut-on comprendre cela et quel en est le sens ? Naturellement, il y a certains aspects, certaines traditions qui ont moins de sens aujourd'hui et que je relativise, mais je ne me prononce jamais contre quelque chose et j'essaie toujours de présenter un fait de façon positive. La question essentielle pour moi est : quelle expérience sous-tend une affirmation donnée de la Bible ? Quelle expérience exprime un dogme donné ? À quelle expérience a conduit telle pratique ascétique ou liturgique ? Et comment puis-je aujourd'hui accéder à cette expérience ? Dois-je interpréter d'une façon éventuellement nouvelle les rituels, les formes liturgiques, les affirmations bibliques, afin de les comprendre, afin qu'ils soient salutaires pour moi et pour les autres ?

Évidemment, il existe aussi un autre point de vue, celui que défend par exemple mon frère moine Willigis Jäger. Il continue d'appartenir à notre communauté comme auparavant, mais il n'est plus cloîtré, c'est-à-dire qu'il s'est mis en congé et renonce à ses fonctions sacerdotales. Récemment, il a fêté la Saint-Benoît de nouveau avec nous, comme il l'avait fait pour son jubilé de soixante ans de profession, l'an dernier. Willigis estime que, sur certaines questions de foi, on ne peut plus suivre l'enseignement de l'Église. Cela complique quelque peu les relations avec lui. Nous avons toujours beaucoup estimé son travail et continuons de le faire. Mais son évolution théologique ultérieure l'a éloigné de la tradition chrétienne. Nous en avons beaucoup discuté avec lui. Il a un peu trop présumé de ses forces dans sa tentative d'élaborer une théologie transconfessionnelle. S'il faut dialoguer et se montrer ouvert, on ne peut tout mélanger. Willigis a certainement manqué de diplomatie sur bien des points et la Congrégation pour la Doctrine de la foi, à Rome, – dont le préfet d'alors était Joseph Ratzinger, avant qu'il devienne pape – lui a interdit de s'exprimer en public. À vrai dire, la faute n'est pas à chercher d'un seul côté. Notre père abbé, Fidelis, avait tenté avec beaucoup d'efforts de s'entremettre et s'était entretenu avec Joseph Ratzinger à Rome, qui se montra tout à fait compréhensif et pensait que Willigis devrait accorder une interview et réajuster sa position. Il ne devait rien réfuter, mais seulement rester dans la continuité de la doctrine catholique.

La dogmatique est, encore une fois, un art particulier. Elle est un langage spécial que je ne peux réduire à un jargon journalistique. Or Willigis n'a pas suivi cette idée, mais il a écrit une lettre au cardinal Ratzinger en lui reprochant de n'avoir aucune notion de spiritualité. Ce qui n'a évidemment pas été reçu à Rome de façon particulièrement positive.

Le travail de Willigis est bon, et je comprends son point de vue théologique. Mais c'est la théologie des années 1950 contre laquelle il se bat, à juste titre. Ce que j'apprécie dans la théologie de Rahner, c'est qu'elle ne présente pas l'ancien sur un plateau, mais qu'elle ouvre à quelque chose de nouveau. Tel est l'art de la théologie : ne pas dire que tout ce que l'humanité a pensé au cours des cinq cents ou mille dernières années est un non-sens et que nous avons désormais des points de vue tout à fait différents. Avec cette façon de voir, je crée une rupture. Mais il faut plutôt relier en profondeur les affirmations modernes à la Tradition.

La théologie des années 1950

Dans les années 1950, pour un catholique, tout était clair d'un point de vue théologique. La théologie pensait avoir réponse à toutes les questions et l'Église catholique croyait être détentrice de la Vérité. Tout était bétonné et on n'avait même pas le droit d'interpréter librement les Saintes Écritures. La dogmatique était empreinte de thomisme, et sa pensée baignait dans une pure abstraction. Ainsi les concepts épuisèrent-ils toute réalité. C'était la théologie du Moyen Âge, mais cette néoscolastique était devenue un peu stérile. Elle régna environ de 1850 à 1950, mais il y eut des tentatives de renouveau théologique dès les années 1930. Joseph Maréchal, en langue française, par exemple, et Karl Rahner, en Allemagne, ont réinterprété saint Thomas d'Aquin et l'ont rattaché à la philosophie moderne. Cela a aussi ouvert un peu la théologie thomiste vers de nouveaux champs. En France, il y eut dans les années quarante et cinquante du siècle dernier de grands théologiens tels qu'Yves Congar, Henri de Lubac[1] et d'autres, qui ont donné une nouvelle vision de la théologie. Ils sont revenus à la théologie imagée des Pères de l'Église et ont, à partir de là, développé une nouvelle théologie de l'Église. Ils considéraient l'Église non plus comme le bastion, la « maison pleine de gloire », mais comme le « peuple de Dieu en pèlerinage ». Cette idée fut reprise par le concile Vatican II.

---

1. Joseph Maréchal (1878-1944), jésuite, philosophe et psychologue, a enseigné à Louvain. Il est un des tenants du néothomisme. Karl Rahner (1904-1984), jésuite, a été un des plus éminents théologiens du XXe siècle. Yves Congar (1904-1995), dominicain, et Henri de Lubac (1896-1991), jésuite, ont été, comme Rahner, des experts au moment de Vatican II.

S'en est suivi une théologie plus ouverte, avec une orientation plus biblique et patristique et non plus purement thomiste.

La piété populaire

Jeune prêtre, j'ai participé un jour à un pèlerinage parce que le curé n'avait pu venir. À l'époque, j'étais sceptique par rapport aux pèlerinages, mais cent cinquante personnes y participaient, la plupart entre 30 et 45 ans. L'un des pèlerins, un coiffeur, m'expliqua qu'il n'allait pas très souvent à l'église, mais qu'un pèlerinage constituait un excellent repos pour lui. J'ai alors remarqué qu'il existe un besoin d'expérience émotionnelle que l'on peut apaiser en marchant, quelle que soit la destination, et en écoutant la fanfare. La piété populaire a toujours réagi à l'esprit du temps. Les pèlerinages mariaux, par exemple, ont surtout été en vogue à l'époque des Lumières, où l'accent était mis fortement sur le rationnel. L'émotionnel avait tout simplement besoin d'une compensation. Il la trouvait dans les pèlerinages mariaux, qui symbolisaient la protection maternelle, par opposition à la *ratio*, qui passait pour être très masculine.

Les pèlerinages posent naturellement des problèmes théologiques, mais il faut aussi considérer le plan psychologique. Ils sont de plus en plus prisés de nos jours et des formes sont apparues ces dernières années, auxquelles participent non seulement des chrétiens conservateurs, mais aussi beaucoup de jeunes.

La piété populaire est une forme d'exégèse psychanalytique. On retrouve, par exemple, la méditation du chemin de croix avec les quatorze stations, ou bien les quatorze stations du chemin de croix sur un chemin de pèlerinage en direction d'un sanctuaire. Ces quatorze stations ne sont pas dans la Bible, mais le chiffre 14 est un chiffre symbolique ancien, voire un chiffre saint : il y avait quatorze dieux guérisseurs à Babylone et il y a quatorze intercesseurs dans le christianisme. Pendant vingt-cinq ans, j'ai célébré la semaine sainte avec des jeunes. Le vendredi saint, nous avons présenté les stations du chemin de croix, et chacun pouvait en choisir une. Il s'agissait de méditer sur ces stations en groupes de dix à quinze personnes, et de les représenter le soir dans un mystère. Pour les jeunes, ce n'était absolument pas un problème de traduire les stations dans leur propre vie. Être cloué ou tomber trois fois, ce sont des images archétypiques qu'ils ont pu aussitôt traduire dans leur vie. La piété populaire fonctionne de la même façon. Simplement, à un certain moment, certaines formes deviennent stériles, et il s'agit alors de les réinterpréter de façon nouvelle.

Prenons la bénédiction de saint Blaise. En Afrique, l'église ce jour-là est pleine à craquer de musulmans qui viennent recevoir la bénédiction de saint Blaise. Beaucoup disaient dans les années 1970 que la bénédiction des cierges ne pouvait guérir aucune maladie. Or il ne s'agit pas de cela, mais uniquement du signe de la sollicitude divine dans tout ce que nous vivons. Ainsi, le cou, précisément, est une zone sensible chez l'homme. La peur peut me nouer ou le deuil me rester en travers de la gorge parce que j'en ai trop avalé. La bénédiction est alors un signe de l'Amour qui se donne, permettant à l'Amour de Dieu de pénétrer les cœurs. Les hommes ont justement besoin de signes concrets à notre époque.

On me demande parfois si je pourrais bénir un objet. Je prie alors les personnes de poser sur l'autel pendant la messe l'objet qu'elles veulent faire bénir. Certaines ont du mal à le faire, mais beaucoup, même des protestants, apportent leurs bagues, pendentifs et angelots, d'autres leur montre ou d'autres objets. Est-ce magique de bénir ces choses ? On peut dire aussi que ce sont des signes qui rappellent que je suis béni, sur mon chemin, au cœur de ma vie. Et les objets bénis me rappellent que tout parle de Dieu : ici une bague, qui maintient en moi ce qui peut se briser, parce que Dieu est fidèle. J'ai quelque chose de solide qui me rappelle que je suis béni et que la vie divine m'accompagne. Jésus déclare : « Je suis la vigne véritable » (Jean 15, 1). Les choses de la nature et du monde reflètent l'action de Dieu dans nos vies. Un anneau peut traduire que Dieu restaure entièrement ce qui est friable en moi ; le pendentif, que Dieu est attaché à moi ; ou la croix, que je suis protégé et accepté sans condition. Il existe donc aujourd'hui un besoin particulier de contemplation et de méditation. Mais ce qui est déterminant, c'est de savoir si je le déclare magique ou symbolique.

Un jour, j'étais invité à un congrès de thérapeutes « Magie et Religion ». J'y ai déclaré que la magie n'était pas uniquement négative. Il existe en Afrique, aujourd'hui encore, une magie noire et une magie blanche. La magie est toujours l'aspiration à rendre l'élément religieux palpable. Avec le risque, cependant, que, par la magie, je veuille avoir la mainmise sur lui. Prendre le pouvoir sur Dieu serait une fausse

magie. Mais la magie par laquelle le religieux devient
« solide », c'est-à-dire signe, c'est autre chose. Les sacrements ont aussi quelque chose de cela : ce sont des
signes extérieurs qui expriment une réalité intérieure.
J'ai confiance que, par le sacrement, quelque chose se
passera en moi. Les sacrements ont en soi quelque
chose de solide. Et il ne faut pas enlever aux hommes
le besoin qu'ils ont de rendre la religion tangible.

L'eucharistie

Carl Gustav Jung n'est pas pour moi un Père de
l'Église. Quand j'ai lu sa biographie, j'ai été un peu
déçu. Il n'était pas un homme facile ; malgré tout,
certaines de ses conceptions ont pris de l'importance
à mes yeux. Je n'ai pas besoin de revenir à la spiritualité chez Jung, mais il donne au moins un modèle de
compréhension qui éclaire la valeur de la spiritualité,
de la liturgie et de la théologie chrétiennes.

Jung dit par exemple : « Tous les chemins de l'Esprit – que ce soit l'ascèse ou le jeûne – sont toujours
des chemins vers l'intériorité, c'est-à-dire qui vont de
l'extérieur vers l'intérieur. » De même, les processions
et les offices liturgiques sont des chemins orientés vers
l'intérieur. Ce sont des chemins d'entraînement sur
la voie qui mène à soi. Faire procession signifie entre
autres laisser quelque chose derrière soi, abandonner
et s'exercer à acquérir une nouvelle dignité. Toute
liturgie est un jeu sacré. C'est à peu près ce que disait
Romano Guardini. Il a essayé de passer de la théologie
à l'expérience. Jung ouvre un chemin de l'expérience
vers la spiritualité. Il a écrit un livre intéressant dans

lequel il prend comme base la liturgie de la messe[1].
J'utilise parfois l'approche de Jung pour expliquer le
mystère de la transsubstantiation dans l'eucharistie.
Il y eut une grande controverse entre catholiques et
protestants pour savoir s'il fallait voir dans la transformation du pain et du vin la transsubstantiation,
la consubstantiation ou seulement un symbole. Mais
l'explication philosophique n'est pas tellement importante, car il ne s'agit pas seulement de la transformation
du pain et du vin en corps et sang du Christ, mais de
la transformation de notre vie. À la préparation des
offrandes, le pain et le calice sont élevés. Quelquefois,
je laisse les célébrants le faire eux-mêmes en silence lors
de l'eucharistie. Élever la patène signifie : présenter à
Dieu mon quotidien, mon travail, ce qui m'use, ce qui
me broie. Le pain, cuit à partir de nombreux grains,
représente le fardeau de mon quotidien, tout ce qui
fait ma vie au jour le jour, mes propres tiraillements
intérieurs, ma fragilité. Tout cela, je le présente à Dieu
et j'espère que je serai transformé par l'eucharistie et
que l'Esprit de Dieu transformera mon déchirement
en plénitude.

Le calice est d'abord le calice de l'amertume, celui
de la souffrance, celle du monde comme ma propre
souffrance. Mais il est rempli de vin et devient ainsi
l'image de l'Amour, souvent confondu avec la possessi-
vité, les sentiments de vengeance, les doutes, et autres
sentiments possibles. Le calice est élevé pour que ma
souffrance et celle du monde soient transformées et
que mon amour mitigé soit transformé par l'Amour de

---

1. Carl Gustav Jung, *Das Wandlungssymbol in der Messe* (1954), trad. :
« Le symbole de la transsubstantiation dans la messe » in *Les Racines
de la conscience*, Buchet-Chastel, 1971.

Dieu. C'est ce que C. G. Jung a souligné. L'eucharistie est non seulement un acte de piété envers Dieu, mais aussi un chemin sur lequel l'être s'accomplit.

Certains reprochent à la psychologie de Jung ainsi qu'à la voie bouddhiste l'autorédemption. Mais cela n'est pas exact, même dans le bouddhisme. Chaque religion est une religion rédemptrice, mais c'est toujours Dieu qui sauve. Bien sûr, les accents sont un peu différents, mais je suis sceptique face à de tels slogans. On oppose la croix à la réalisation du soi. Or la croix est importante pour Jung aussi ; il parle d'accomplissement du soi, d'individuation. Celui qui emprunte cette voie expérimente que c'est un portement de croix, et porter sa croix signifie accepter ses contradictions et les différents pôles qui peuvent nous déchirer. Jung a dit des choses très salutaires sur la croix, par exemple dans le célèbre entretien avec le théologien protestant Walter Uhsadel[1] sur la souffrance. Jung, qui revenait d'un voyage en Inde, déclara que l'Orient tentait d'échapper à la souffrance par l'idée que le contact avec le monde en était la cause. En supprimant le contact avec le monde, je me retire en moi-même et surmonte ainsi la souffrance. L'Occident, en revanche, anesthésie la souffrance par l'activisme, par les drogues telles que l'alcool ou l'addiction au travail. Cependant, Jung pense que nous devrions traverser la souffrance. Elle est le chemin qui nous mène à la vie et à la plénitude. Et cela, disait-il en montrant l'image de la croix dans son bureau, nous l'apprendrions de

---

1. Walter F. Uhsadel (1900-1985) a enseigné la théologie pratique à Hambourg et Tübingen. Il s'est intéressé à la psychologie des profondeurs mise en avant par C. G. Jung.

Jésus, qui a traversé la souffrance sur la croix jusqu'à la Résurrection.

Pour autant, il ne faut pas en faire mauvais usage, comme si tout ne tournait qu'autour de moi, pour que j'aille mieux. En me laissant entraîner vers quelque chose qui me dépasse, vers Dieu et vers Jésus-Christ, je me trouve moi-même. Dieu ne s'utilise pas pour que je développe mon moi, mais en me laissant entraîner vers Dieu et en quittant une part de moi-même, je trouve ma véritable humanité. Alors ce n'est pas un chemin vers la rédemption, mais vers la plénitude.

Lors des Journées mondiales de la jeunesse, il a été dit que seuls les catholiques pouvaient communier. Cela m'a dérangé. Nonobstant, un Père visiteur m'a raconté qu'il avait entendu une conversation entre deux jeunes qui disaient : « Eh, il y a à manger, j'y vais aussi. » Ces deux jeunes n'avaient absolument aucun sens de l'eucharistie. Tout est ramené à un repas banal. L'eucharistie nécessite une introduction à son mystère, mais également une ouverture pour les protestants. Quiconque vit l'eucharistie doit se sentir interpellé. Alors seulement se pose la question de ce qu'il croit. Lors d'une discussion, une femme m'a invectivé, disant que les protestants ne devaient pas aller communier, qu'ils ne croient pas vraiment. Je lui demandai alors si elle savait précisément tout ce que croyaient les catholiques lorsqu'ils vont communier. Je sais par beaucoup de protestants qu'ils croient qu'ils reçoivent le Christ dans le pain et le vin. Et sur ce point, ils devraient, eux aussi, poser la question aux catholiques.

Naturellement, chez nous aussi, catholiques, beaucoup se plaignent de ce que l'eucharistie reste aussi inaccessible au monde et ne sert à rien. Cette prévention est en partie justifiée, car l'eucharistie est parfois célébrée de façon très formelle. Mais il ne faut pas non plus tout renouveler sans arrêt. Je connais des gens qui apprécient beaucoup la messe ordinaire dans la semaine, où il ne se passe pas grand-chose. La simplicité leur fait du bien, justement. C'est toujours une question d'harmonie. Lors des sessions, je célèbre toujours délibérément l'eucharistie, à laquelle je convie aussi les protestants et j'explique quelques rituels. Et je constate alors très souvent combien les gens sont interpellés. Ils vivent la célébration immuable de l'eucharistie de façon tout à fait nouvelle et tout autre. Ce que la théologie primitive a appelé mystagogie, c'est-à-dire introduction au mystère, est trop absente aujourd'hui. Voilà un nouveau défi pour notre époque.

Certes, il existe aussi des rituels en voie de disparition, même dans les milieux catholiques. Certains meurent parce qu'ils ne sont plus célébrés de façon vivante ; d'autres parce qu'ils ne nous sont plus adaptés. La solution consisterait d'abord à bien comprendre les rituels, à leur donner une interprétation imagée. Il faut de temps en temps de nouvelles images pour voir et vivre les rituels de manière qu'ils nous correspondent. Et il faudrait ensuite une célébration cohérente, où l'on remarque que c'est de nous qu'il s'agit.

Marie

Le 15 août est la fête de l'Assomption. Ce jour-là, la nature est incluse dans la liturgie. C'est un bon rituel, transmis par la piété populaire. Le père ou la mère accompagne les enfants dans la nature en quête d'herbes médicinales. C'est l'occasion à la fois de donner un cours de biologie et en même temps de faire quelque chose ensemble. Les herbes médicinales et les fleurs sont liées en un bouquet, apportées à l'église, où elles sont bénies, puis rapportées à la maison. Par ce rituel, les familles se sentent bénies. Beaucoup de curés de la génération 1968 considéraient cette coutume comme païenne. Et pendant longtemps, ils n'ont plus participé à ce rituel. Il y a quelques années, de jeunes couples m'ont demandé si l'on ne pourrait pas redonner vie à cette coutume ; j'ai donc réintroduit la bénédiction des herbes et profité de l'homélie pour parler de la beauté de la création et des vertus thérapeutiques qu'elle recèle et par lesquelles Dieu nous donne la force de guérir. Les fêtes mariales relèvent toujours d'une théologie optimiste. Et à Marie, la théologie associe toujours le thème de la nature. Tout comme Marie, la nature a, elle aussi, un caractère maternel. Elle nous montre l'aspect maternel de Dieu.

Dans la tradition catholique, Marie a depuis toujours été la consolatrice. De son sein coule du lait, et elle aide ceux qui sont au purgatoire. Ou bien elle est la mère qui préserve des punitions. Nous ne verrions plus cela ainsi aujourd'hui, mais lorsque prédominait la théologie de la condamnation, elle était un contrepoids au Dieu justicier. La théologie mariale n'a jamais été une théologie de la condamnation, mais a toujours eu cet accent optimiste de protection et de guérison.

En ce qui concerne la naissance de la Vierge, je sais, en tant que théologien, qu'il n'y a pas de dogmes « biologiques », mais qu'un dogme représente toujours une vérité de la foi. La « virginité » est une image. Ainsi nous parlons aussi de la Vierge dans le giron de l'Église : les fonts baptismaux sont le sein virginal d'où naissent les enfants. Selon la mystique, tout homme est mère du Christ, mère et vierge. Ces deux images sont celles de la fécondité et de la virginité, fondées à partir de soi et non d'autres êtres. Nous sommes là sur un autre plan que le plan biologique et je ne le conteste pas. C'est pour moi aussi une question d'esthétique, et je laisse donc ouverte la question scientifique du phénomène de la naissance virginale. J'ai une réaction allergique aux personnes qui disent : « Ah ! l'histoire de la naissance virginale, quelle foutaise ! En réalité, ça ne s'est pas du tout passé comme ça ! » Je ne sais pas comment cela s'est passé et cela ne m'intéresse pas ; mais nous ne devrions pas discuter de cela d'un point de vue biologique. Là, j'essaie de rester ouvert et de ne pas me laisser coincer.

Certaines femmes ont du mal avec l'image de Marie, qui dit humblement « oui » et « amen » à tout. Les hommes veulent que les femmes soient une humble servante. Un homme, très conservateur, est venu nous voir et raconta que sa femme avait lu mon livre sur les fêtes mariales, écrit avec une pasteure évangélique[1], et il l'a déchiré. Luther, pensait-il, avait lui aussi vécu

---

1. Anselm Grün et Petra Reitz, *Repères pour vivre les fêtes mariales* (1987), Médiaspaul, 2001.

avec une religieuse. Le seul fait que j'écrive ce livre
avec la pasteure était un signe que je vivais avec elle.
Lors de telles réactions, toutes les émotions et les projections se manifestent et il devient alors impossible,
la plupart du temps, de discuter objectivement de la
question.

Quand on regarde les sermons moralisants sur Marie,
il s'agit toujours de sermons d'hommes qui n'étaient
pas intégrés et ont projeté sur les femmes leurs problèmes de célibat. Mais finalement, la Bible a aussi
une tout autre image de Marie, si l'on se réfère par
exemple au Magnificat, hautement politique, en Luc 1,
46-55, ou bien aux noces de Cana (Jean 2, 1-22), où
Marie eut l'intuition du miracle et de ce qui devait
se mettre en branle.

Le latin

Un sujet dont on a beaucoup discuté, ces derniers
temps, est l'autorisation de la messe tridentine. La
messe en latin n'est cependant pas un sujet qui me
préoccupe personnellement. Je pense qu'il est fait très
peu usage de la permission de célébrer de nouveau
dans l'ancienne forme en langue latine, parallèlement à
la messe ordinaire actuelle. Ceux qui, jusqu'à présent,
ont dit des messes « en marge » de la messe conciliaire
les disent à présent de façon plus officielle ; et dans
cette mesure, il y a eu intégration ; mais on n'a pas
constaté de mouvement depuis la liturgie habituelle
de la messe postconciliaire.

Au monastère nous chantons le plain-chant en
latin. Habituellement nous chantons les psaumes en

allemand, à l'exception des jours de fête où nous alternons entre la langue allemande et le latin.

À l'office conventuel, nous chantons les anciens chants latins. J'aime ces chants, d'une part pour la musique qui conduit au silence, mais aussi pour les textes. Ce sont toujours des textes bibliques qui y sont chantés, sur le texte de la Vulgate. Le texte latin de la Vulgate remonte au Père de l'Église saint Jérôme et a une forte orientation christologique, c'est-à-dire que l'interprétation même de l'Ancien Testament est très nettement en lien avec Jésus et le Nouveau Testament.

J'apprécie beaucoup la façon dont saint Jérôme a interprété la tradition liturgique de ces textes par rapport aux mystères de l'année liturgique. Les chants de l'*Introït*, du *graduel* ainsi que les versets de l'*alléluia* et de l'*offertoire* sont presque tous empruntés à l'Ancien Testament, mais avec une telle ouverture qu'ils décrivent d'emblée le mystère de Jésus-Christ. Je trouve ce langage fortement spirituel. Dans les années 1950 a paru une nouvelle traduction latine, parce que tous les passages de celle de saint Jérôme n'étaient évidemment pas justes du point de vue exégétique. On a alors amélioré le latin ; mais je ne trouve pas cela bon du tout. Par conséquent, si on veut du latin, que ce soit le latin ancien et non un latin « moderne », totalement artificiel.

Je connais les psaumes par cœur dans le texte de la Vulgate. Pas en allemand, parce qu'il en existe différentes traductions. Personnellement, je vis encore entièrement dans la langue latine – nous discutions encore en latin pendant nos études. Et je l'aime. Mais je ne la qualifierais pas de langue sacrée. Je trouve difficile de proclamer une lecture ou un Évangile en latin ou de dire toutes les prières en latin, car il y a de moins en moins de gens qui maîtrisent cette langue. Pour eux, la messe devient alors vraiment « exotique ».

Quand je suis à la prière au chœur ou dans la liturgie, je me sens tout de suite chez moi, bien que la langue y soit différente. C'est la même chose en Hongrie, où je ne comprends absolument rien à la langue. L'espagnol, l'italien, le français, l'anglais, on le comprend un peu et on sait à peu près de quoi il s'agit. Mais si je voulais aujourd'hui discuter en latin à l'étranger, les gens comprendraient encore moins. C'est pourquoi j'essaie de parler soit dans la langue du pays, soit en allemand avec l'aide d'un interprète.

Beaucoup d'artistes défendent la messe en latin pour des raisons esthétiques, mais théologiquement et liturgiquement, il y a eu là aussi une certaine évolution erronée. La messe tridentine n'est indubitablement pas le sommet de la liturgie. Chez ceux qui l'affirment, il y a toujours une certaine nostalgie, parce que la liturgie latine leur est familière depuis l'enfance, et les anciens enfants de chœur savent souvent réciter par cœur, encore aujourd'hui, le *Confiteor* en latin ou les prières graduelles. La messe latine a assurément marqué notre culture, mais aujourd'hui elle est purement et simplement « exotique ».

L'avenir de l'Église

L'Église catholique doit réfléchir à la façon dont elle considère l'accès à la prêtrise, car regrouper de plus en plus de paroisses sous la houlette de quelques prêtres seulement, cela ne fonctionne pas. Je ne peux tenir l'eucharistie en haute estime et continuer à pratiquer la forme actuelle d'admission à la prêtrise. Il faudrait donc soit admettre des prêtres mariés, soit ouvrir un jour le sacerdoce aux femmes. C'est une question qui s'inscrit dans une histoire longue, qui ne peut être tranchée sur un coin de table, mais qui doit mûrir. L'accès à la prêtrise doit assurément être repensé, entraînant avec lui la question de la spiritualité : les Églises sont-elles vraiment des lieux d'expériences spirituelles, ou bien ne sont-elles que des entités désuètes ? Les Églises du peuple n'ont rien perdu de leur signification, parce qu'elles offrent dans le monde anonyme une panoplie d'assemblées, de communautés. À vrai dire, certaines communautés ecclésiales au sein de l'Église du peuple ressemblent parfois à des ghettos, n'admettant pas les personnes de l'extérieur, parce qu'elles sont fermées sur elles-mêmes. Mais la question demeure : comment pouvons-nous mieux associer précision et ouverture dans l'annonce de la Parole ? Cela nous demande beaucoup d'imagination.

Actuellement, on parle souvent de la culture événementielle dominante. On peut rouspéter contre elle, mais on peut aussi l'accepter. J'ai été invité à Ludwigsburg dans un temple protestant, dont le pasteur se plaignait de ne voir que quarante à cinquante personnes venir au culte le dimanche. « Maintenant, me raconta-t-il, je fais une "célébration nocturne" qui dure deux heures, et neuf cents personnes y viennent. »

Nous avons besoin d'idées nouvelles. Aller régulièrement à la messe le dimanche a une grande signification, mais il est inutile de se lamenter sur le nombre de pratiquants qui ne cesse de décroître. Nous devons plutôt nous demander comment faire, en certaines circonstances, pour toucher de nouveau un plus grand

nombre de personnes, et comment le faire régulièrement. Les hommes sont tout à fait ouverts ; ils attendent notre créativité, nos propositions en réponse à
leurs aspirations.

POUR CONCLURE

1

Une saine théologie
et une saine spiritualité

D ANS l'accompagnement spirituel, je fais constamment l'expérience qu'une spiritualité malade rend
les hommes eux-mêmes malades. Ils ont parfois intério-
risé une théologie qui les conforte et les maintient dans
leur maladie. J'essaie donc de déployer une théologie
et une spiritualité qui redonnent la santé. La saine
théologie veut correspondre à l'esprit de Jésus, qui
a montré aux hommes dans sa prédication un chemin de vie réussie et qui a guéri les malades. Jésus
s'est opposé à une théologie accablant les hommes
de fardeaux qu'ils ne sont pas capables de porter et
annonçant une image de Dieu qui leur fait peur. Il
est dit de Jésus qu'il parlait de Dieu avec autorité. Et
il parlait de Dieu d'une manière telle que les esprits
impurs poussaient aussitôt des cris. Les esprits impurs
représentent pour moi les images de Dieu qui rendent malade. Manifestement, un homme possédé par
l'esprit impur, qui avait crié devant Jésus, a utilisé
Dieu pour justifier la vie qu'il s'était construite, pour
échafauder un système sécurisé et se placer au-dessus
des autres. Jésus a parlé de Dieu d'une manière qui a
fait vaciller ces images fausses. L'homme fut tiraillé

entre son image malsaine de Dieu et l'idée de liberté et de guérison que l'image de Dieu donnée par Jésus a éveillée en lui (voir Marc 1, 23-28).

Une spiritualité rend toujours malade quand elle divise l'homme et l'amène à refouler des domaines essentiels de sa vie, à les réprimer, voire à les dissocier. Lorsque dans notre spiritualité nous poursuivons des idéaux trop élevés, nous courons le risque de dénier ou de réprimer ce qui ne correspond pas à ces idéaux. Mais ce qui est réprimé finit par s'exprimer, par se manifester parfois avec une agressivité et des débordements inexplicables, parfois par des symptômes névrotiques ou par des maladies somatiques. Ou bien encore, ce qui est réprimé nous conduit à vivre sur deux registres à la fois : d'un côté, nous nous montrons rigoureusement conservateurs, de l'autre, nous pouvons être tout à fait laxistes et passer outre à toutes les prescriptions de l'Église. Nous ne remarquons souvent pas à quel point ces deux facettes en nous ne concordent pas ; parce que nous menons une double vie, à la longue nous risquons de nous rendre malades.

Je voudrais opposer à la spiritualité qui rend malade une spiritualité saine. Je n'ai pas à inventer cette spiritualité : je la trouve chez les Pères du désert, chez les Pères de l'Église, chez les mystiques et dans toutes les traditions – bénédictine, franciscaine, carmélite et jésuite. Une spiritualité est saine lorsqu'elle tient compte des lois psychiques de l'homme et permet à ses forces de s'exercer dans l'ascèse, mais qu'elle ne se déchaîne pas contre la structure psychique. Une spiritualité est saine quand elle me permet de regarder tout ce qui est en moi, sans le juger, et qu'elle m'invite à présenter à

Dieu toute ma vérité. La guérison se produit toujours dans la rencontre avec Dieu. Mais dans cette rencontre avec Dieu, je me rencontre aussi moi-même avec les abîmes de mon âme. Il faut de l'humilité pour présenter sans fard ma réalité à Dieu. Mais ce n'est qu'ainsi que ma vie peut être transformée.

Ainsi, pour moi les attitudes essentielles d'une saine spiritualité sont l'humilité, que saint Benoît décrit comme un chemin spirituel de transformation ; la véracité, avec laquelle je présente tout à Dieu ; la liberté de pouvoir être soi-même devant Dieu ; et enfin l'amour, qui est le but de tous les chemins spirituels. Un critère important dans une saine spiritualité est pour moi la vivacité. Là où un homme a de l'élan, il a compris la parole de Jésus, qui est « venu pour qu'on ait la vie, et qu'on l'ait surabondante » (Jean 10, 10). Un autre critère est la paix intérieure, la réconciliation avec soi-même et avec les autres, l'état d'harmonie avec soi-même et avec la vie. Une saine spiritualité s'exprime déjà dans la perméabilité à l'Esprit de Jésus-Christ. Je suis perméable à l'Esprit de Jésus aussi bien dans mes forces que dans mes faiblesses. Une saine spiritualité s'exprime, par ailleurs, par le biais de rituels salvifiques, dans un mode de vie sain qui tient compte de tout : le rythme de ma vie, mon environnement, mon habitat, ma nourriture, mon travail et mes paroles. Une saine spiritualité est l'accomplissement de l'art de vivre sainement, comme l'a développé la philosophie grecque.

2

À la rencontre de la vie et de l'avenir

POUR moi, la tension entre *ora* et *labora* (prière et travail)[1], entre combat et contemplation (cf. Roger Schutz), entre mystique et politique (cf. Paul Zulehner), est décisive pour une saine spiritualité. La spiritualité doit s'exprimer concrètement au quotidien. Saint Benoît voyait le travail comme un test de la vie spirituelle. Dans le travail, il s'agit – exactement comme dans la prière – de se libérer de soi-même, de son ego, et de s'engager pour Dieu, de se donner à lui. S'engager pour Dieu *et* dans son travail n'est pas contradictoire ; les deux sont plutôt conditionnés l'un par l'autre. Certaines personnes se considèrent comme contemplatives, mais, à force de contemplation, n'arrivent pas à travailler, voire refusent de travailler. C'est là une piété narcissique, qui ne fait que tourner en rond autour de soi, et reste stérile pour autrui comme pour le monde.

La tension entre *ora* et *labora* me maintient vivant. Elle m'évite de me perdre dans le travail. Et elle maintient aussi ma prière éveillée. Les hommes aspirent aujourd'hui à une saine spiritualité et à une spiritualité

---

1. L'expression latine *ora et labora* (« prie et travaille ») traduit la vocation et la vie monastique des Bénédictins : alliance de louange divine et de travail manuel. L'expression est plus tardive que la règle de saint Benoît.

qui porte du fruit pour ce monde. Dans cette spiritualité, l'objectif est de se retirer dans le silence, pour faire l'expérience de Dieu dans la prière et la méditation. Les hommes aspirent à faire l'expérience de Dieu et pas seulement à croire en lui. Par ailleurs, ils ont besoin d'une spiritualité qui les aide à organiser leur vie quotidienne, avec ses défis, sans être usés par le travail. Cette spiritualité est une bénédiction pour le monde. La spiritualité chrétienne a trait depuis toujours à l'organisation du monde. La tension liée au fait que nous sommes *dans* le monde mais non *du* monde est importante pour l'avenir de ce dernier. Ainsi, nous sommes libérés de la tendance mondaine à posséder, comme du totalitarisme insidieux qui ne cesse de sourdre dans l'économie et dans la politique.

Certains pensent que les moines désertent le monde. C'est pourtant leur fuite « hors » du monde qui leur a permis d'organiser ce monde. Les moines ont eu une influence durable sur la société de l'époque où ont été fondés leurs ordres, et leur action se poursuit aujourd'hui encore. Ce sont justement les hommes qui se définissent non pas à partir du monde, mais à partir de Dieu, qui constituent une bénédiction pour le monde. Par conséquent, une spiritualité est nécessaire pour l'avenir de ce monde dans lequel progresse la mondialisation. Elle doit permettre, par la prière, d'entrer en contact avec la conception divine d'un avenir salutaire et, par le travail, d'organiser ce monde de façon qu'il soit pour tous une patrie, un lieu de convivialité. L'individu a besoin d'une spiritualité qui étanche son aspiration la plus profonde à faire l'expérience de Dieu et lui enseigne les voies de l'aventure spirituelle. Il doit être capable de s'engager dans ce monde, sans être absorbé par lui. Il s'agit de modeler le monde dans l'esprit de Jésus, afin que – comme le dit saint Benoît – « en toutes choses Dieu soit glorifié ».

Table

Domaines d'activité

Enjeux

Pour conclure

Se réconcilier avec la mort, Albin Michel, 2009.
La Mystique, Salvator, 2010.
Le Petit Livre des anges, Salvator, 2010.
Le Petit Livre de la vie réussie, Salvator, 2011.
Nos vies rêvées, Parole et Silence, 2011.
Misez sur votre énergie spirituelle, Desclée de Brouwer, 2011.
Ce qui entretient l'amour, Salvator, 2011.
À la source de la force intérieure, Salvator, 2011.
Jésus thérapeute, Salvator, 2011.
Le Moine et l'Entrepreneur, avec J. Zeitz, Parole et Silence, 2012.
Retrouver en soi la source de la joie, Salvator, 2012.
Choisis la vie !, Albin Michel, 2012.
Jeûner avec le corps et l'esprit, avec P. Müller, Salvator, 2013.
Être en harmonie, Jouvence, 2013.
Le ciel commence en toi, Salvator, 2013.
Retrouver le goût de la vie, Albin Michel, 2013.
Accomplis ce pour quoi tu es fait, Salvator, 2014.

Dans la même collection

Roland Giraud
EN TOUTE LIBERTÉ

Pierre de Vallombreuse
Y A-T-IL LA LUNE CHEZ TOI ?

Gisèle Casadesus
CENT ANS, C'EST PASSÉ SI VITE...

Les documents
au Passeur Éditeur

Pierre-Anthony Allard
MES ANNÉES HARCOURT

Clément Bosson
CONVERSATION AVEC MON GRAND-PÈRE

Agnès Brot
À LA RECHERCHE D'EDMOND MICHELET

Katia Chapoutier
LOST IN JÉRUSALEM
LES VIES SECRÈTES DE PARIS

Nathalie Duplan, Valérie Raulin
LE CAMP OUBLIÉ DE DBAYEH

Jean-Louis de La Vaissière
DE BENOÎT À FRANÇOIS, UNE RÉVOLUTION TRANQUILLE

Laurence Noëlle
RENAÎTRE DE SES HONTES

Aziz Senni
L'ASCENSEUR SOCIAL EST TOUJOURS EN PANNE

CET OUVRAGE A ÉTÉ COMPOSÉ
EN PALATINO CORPS 11,5
PAR NORD COMPO
À VILLENEUVE-D'ASCQ (NORD).

ACHEVÉ D'IMPRIMER
PAR L'IMPRIMERIE SOREGRAPH
À NANTERRE, EN MAI 2014,
SUR PAPIER BOUFFANT LTB,
POUR LE COMPTE DU PASSEUR ÉDITEUR.

Dépôt légal : juin 2014.
N° d'imprimeur : 13827.
Imprimé en France.

L'imprimerie Soregraph est titulaire de la marque
Imprim'Vert® depuis 2004.